Rainer Maria Rilke, geboren am 4. Dezember 1875 in Prag, ist am 29. Dezember 1926 in Valmont/Schweiz gestorben.

Als die erste Zusammenfassung der Dichtungen von Rainer Maria Rilke im Herbst 1927, ein Jahr nach seinem Tod, in der sechsbändigen Ausgabe seiner »Gesammelten Werke« im Insel Verlag erschien – sie war noch von Rilke selbst mit seinem Verleger Anton Kippenberg vorbereitet worden –, schrieb Hermann Hesse: »Jetzt zeigt die Gesamtausgabe ein überraschend einheitliches Bild. Die Treue des Dichters zum eigenen Wesen ist weit größer, die Kraft dieses Wesens weit stärker als das, was wir einst Wandlungsfähigkeit oder auch Wandelbarkeit nannten ...« Rilkes spätes Werk sollte fünf Jahre danach in einer Sammelausgabe erscheinen, der aber die Schwächen einer zu früh vorgenommenen Edition anhafteten, denn der Gesamtbestand des lyrischen Nachlasses war, erst recht in jener Zeit, schwer zu ordnen. Die vorliegende Ausgabe enthält die außerhalb der Zyklen geschriebenen Gedichte Rilkes aus den Jahren 1919 bis 1926. Die Texte folgen in der Textgestalt dem zweiten Band der Ausgabe Sämtlicher Werke.

insel taschenbuch 1178

Rilke

Gedichte aus den späten Jahren

Rainer Maria Rilke
Gedichte aus den späten Jahren

Insel Verlag

Zusammengestellt von Franz-Heinrich Hackel

insel taschenbuch 1178
Erste Auflage 1990

Hinweise zu dieser Ausgabe am Schluß des Bandes
Vertrieb durch den Suhrkamp Taschenbuch Verlag
Umschlag nach Entwürfen von Willy Fleckhaus
unter Verwendung des Gemäldes »Villa R.« (1919) von
Paul Klee. Öffentliche Kunstsammlung Basel
Foto: Colorphoto Hinz. © Cosmopress Genf 1990
Satz: Fotosatz Otto Gutfreund, Darmstadt
Druck: Nomos Verlagsgesellschaft, Baden-Baden
Printet in Germany

1 2 3 4 5 6 - 95 94 93 92 91 90

GEDICHTE AUS DEN SPÄTEN JAHREN

AUS DEM NACHLASS DES GRAFEN C. W.

Erste Reihe

I

Weißes Pferd – wie? oder Sturzbach . . ? welches
war das Bild, das übern Schlaf mir blieb?
Spiegel-Schein im Neige-Rest des Kelches –
und der Tag, der mich nach außen trieb!

Wiederkehr –, was find ich mir im Innern,
fall ich abends schwerhaft in mich ein?
Traum, trag auf jetzt: wird der Teller zinnern –,
wird die fremde Frucht eröffnet sein?

Werd ich wissen, was ich trinke –, oder
ists versunkner Hügel Leidenschaft?
Und wem klag ichs, wenn am Schluß der Moder
fadet durch den aus-geschmeckten Saft?

Gnügts mir, daß ich noch nach auswärts schaue,
braucht der Schlaf-Koch noch ein Suppenkraut? –
Oder wirft er schon in ungenaue
Speisen Würzen, denen er nicht traut?

II

Vorhang, Schachbrett und der schlanke Henkel
jenes Glas-Krugs, der den Wein verriet –,

eines Abends, später, weiß der Enkel,
daß sein Herz sich damals grad entschied,

so zu gehen, wie es geht. Wie geht es?
Ach, zu Frauen stürzt es seltsam hin.
(Wagte er, es während des Gebetes
anzuschauen . . . .!) Wie es ohne Sinn

zittert vor den Knaben! Manchmal nimmt es
seinen Schritt von einem andern Mann,
was es antrieb, war ein Unbestimmtes,
und ein Unbestimmtes hielt es an.

Oft ins Laufen kam es durch die Neige
seiner Landschaft, wie ein Kind, das läuft
weiter, weiter . . . wie in seinen Zeige-
finger –: stand, mit Atem überhäuft . . .

III

Mädchen, reift dich der Sommertag?
Abends, in warmer Hand Wachtelschlag,
steht der Liebende da.

Sieht wie dein kleines Fenster dich schmückt,
daß dir Haltung und Lächeln glückt,
ahnt er von nah.

Kühl ist die Tür schon, bis morgen früh
kältet sie gründlich aus.

Aber dein Freund ist heiß. Oh glüh,
glüh und reiß ihn ins Haus!

IV

Daß ich deiner dächte am Kamine?
Nein, du irrst, ich lese. – Ach, du weinst?
Kannst du wollen, daß ich wieder diene?
Denn ich liebte nicht: ich diente einst.

Du bezwangst, was noch in mir des Knaben
Trotz und Widerstand und Schwäche war,
ich verschrieb mit blutenden Buchstaben
dir mein erstes eignes Jahr –

Statt zu reiten, Olga, statt zu jagen,
kniet ich bei dir, *während jeder ging*
kniet ich, Seidenes um mich geschlagen,
das von deiner Gnade niederhing.

Fühltest du dann immer, daß ich kniete?
Oder wußtest du: er sieht nicht her? –
Ach, ich war die Muschel, Aphrodite,
die dich trug, und in mir war das Meer.

V

Laß mich sanft in deinem Tagebuche
blättern, Urgroßtante, Ahnin, laß –.
Ich weiß selbst nicht, welchen Satz ich suche.
Unruh, Zweifel, Sorge, Liebe, Haß –

alles dieses gilt nicht mehr das gleiche.
Wüßtest du, wie sehr wir anders sind!
Längst zerfiel die Lieblingsbank am Teiche –
Und dein Wind, einst Liebliche, dein Wind....

Dein: weil er so eingeweiht das leichte
Haar dir löste aus dem Blumen-Ring –,
dich verließ und drüben dich erreichte,
winkend schied und wieder dich empfing –,

kann er noch entstehn aus unsrer Luft?
Oh auch uns umdrängt es frühlingsüber.
Oh auch uns ist Wind Gefahr –, und Duft
schon Entscheidung.... Aber *was* ward trüber?

Kummer? – Tante, oh, ihr hattet ihn!
Und ihr littet gut –, ihr wart nicht weichlich,
doch ein Mond war, der euch unvergleichlich
durch die dichteste Verhängnis schien.

Rose riß in deinen lieben Finger
ihres Dornes kurzen Namenszug –,
Krankheit, Ahnung –, keines war geringer,
jeder ging durchs starke Haus und trug

Schicksal. Briefe drangen ein, selbst Zeitung
wirkte schon ins Wartende hinein;
Kinder trieben ihre Vorbereitung,
und Erwachsne mußten *sein* –:

Alles dieses läßt sich kaum verändern.
Ja, ihr kanntet schon den Flackergeist,
der in plötzlich aufgerührten Ländern
die Paläste niederreißt –;

meintet fast, ihr hättets überstanden,
wenn nach manchem bös bedrängten Jahr
schließlich doch ein Übriges vorhanden
und die Ernte leidlich war –.

Selbst das Wilde hatte seine Ehre,
neu aus Untergang gedieh Paris –,
rund ins Heitre stieg die Montgolfière
(wie's ein Kupfer im Kalender wies –);

vieles hob sich rasch, um rasch zu stürzen,
und vielleicht ists dies, was uns verwirrt:
daß die Zwischenräume sich verkürzen.
Urgroßtante! stünd ich wie ein Hirt

manchmal nächtens da und hätte diesen,
diesen Himmel über meinem Haupt –,
unten, unter meinem Fuß, die Wiesen –
(beide Dinge hast auch du geglaubt)

stünde nur und ließ es mir gewähren,
– ob es nun für uns ist, oder nicht –
und die Sterne in dem Großen Bären
spannten mir das wache Angesicht.

Ach, nur manchmal! und ich träte heiter
in das Haus zurück ums Morgengraun:
einig weithin. Denn ich reichte weiter
als zu dir. Das älteste Vertraun

klärte mir mein überbrachtes Blut.
Denn was trennt uns, sag mir, von der ganzen
Welt –, ob sie nun wandelt oder ruht?
Hier November –, aber Pomeranzen

glühen irgendwo . . .: was hindert mich,
sie zu wissen! . . . . .
Halt! Nun will ich lesen,
unter deines Herzens Himmelsstrich
hinbewegen mein erwärmtes Wesen.

VI

War der Windstoß, der mir eben
ungefähr ins Fenster fuhr,
nur ein blindes Sich-erheben
und Sich-legen der Natur?

Oder nutzte die Gebärde
ein Verwesner heimlich aus?
Langte aus der dumpfen Erde
in das fühlentliche Haus?

Meistens ist es nur wie Wendung
eines Schlafenden bei Nacht –,

plötzlich füllt es sich mit Sendung
und bestürzt mich mit Verdacht.

Ach, was bin ich kaum geübter
zu begreifen, was es meint, –
hat mich ein im Tod getrübter
Knabe nahe angeweint?

Will er mir (und ich versage!)
zeigen, was er hier verließ –?
Mit dem Winde stieß die Klage,
doch er stand vielleicht und schrie's!

VII

In Karnak wars. Wir waren hingeritten
Hélène und ich, nach eiligem dîner.
Der Dragoman hielt an: die Sphinxallee –,
ah! der Pilon: nie war ich so inmitten

mondener Welt! (Ists möglich, du vermehrst
dich in mir, Großheit, damals schon zu viel!)
Ist Reisen – Suchen? Nun, dies war ein Ziel.
Der Wächter an dem Eingang gab uns erst

des Maßes Schreck. Wie stand er niedrig neben
dem unaufhörlichen Sich-überheben
des Tors. Und jetzt, für unser ganzes Leben,
die Säule –: jene! War es nicht genug?

Zerstörung gab ihr recht: dem höchsten Dache
war sie zu hoch. Sie überstand und trug
Ägyptens Nacht.
Der folgende Fellache

blieb nun zurück. Wir brauchten eine Zeit,
dies auszuhalten, weil es fast zerstörte,
daß *solches Stehn* dem Dasein angehörte,
in dem wir starben. – Hätt ich einen Sohn,
ich schickt ihn hin, in jenem Wendejahre,
da einer sich entringt ums einzig Wahre.
»Dort ist es, Charles, – geh durch den Pilon
und steh und schau . . . «
Uns half es nicht mehr, wie?
Daß wirs ertrugen, war schon viel. Wir Beide:
du Leidende, in deinem Reisekleide,
und ich, Hermit in meiner Theorie.

Und doch, die Gnade! Weißt du noch den See,
um den granitne Katzen-Bilder saßen,
Marksteine – wessen? Und man war dermaßen
gebannt ins eingezauberte Carré,

daß, wären fünf an einer Seite nicht
gestürzt gewesen (du auch sahst dich um),
sie, wie sie waren, katzig, steinern, stumm,
Gericht gehalten hätten. Voll Gericht

war dieses alles. Hier der Bann am Teich
und dort am Rand die Riesen-Skarabäe

und an den Wänden längs die Epopäe
der Könige: Gericht. Und doch zugleich

ein Freispruch, ungeheuer. Wie Figur
sich nach Figur mit reinem Mondschein füllte,
war das im klarsten Umriß ausgedüllte
Relief, in seiner muldigen Natur,

so sehr Gefäß – –: und hier war *das* gefaßt,
was nie verborgen war und nie gelesen:
der Welt Geheimnis, *so geheim im Wesen*,
daß es in kein Verheimlicht-Werden paßt!

Bücher verblätterns alle: keiner las
so Offenbares je in einem Buche –,
(was hülfts, daß ich nach einem Namen suche):
das Unermeßliche kam in das Maß

der Opferung. – Oh sieh, was ist Besitz,
solang er nicht versteht, sich darzubringen?
Die Dinge gehn vorüber. Hülf den Dingen
in ihrem Gang. Daß nicht aus einem Ritz

dein Leben rinne. Sondern immerzu
sei du der Geber. Maultier drängt und Kuh
zur Stelle, wo des Königs Ebenbild,
der Gott, wie ein gestilltes Kind, gestillt

hinnimmt und lächelt. Seinem Heiligtume
geht nie der Atem aus. Er nimmt und nimmt,

und doch ist solche Milderung bestimmt,
daß die Prinzessin die Papyros-Blume
oft nur umfaßt, statt sie zu brechen. –
Hier
sind alle Opfer-Gänge unterbrochen,
der Sonntag rafft sich auf, die langen Wochen
verstehn ihn nicht. Da schleppen Mensch
und Tier

abseits Gewinne, die der Gott nicht weiß.
Geschäft, mags schwierig sein, es ist bezwinglich;
man übts und übts, die Erde wird
erschwinglich, –
wer aber nur den Preis giebt, der giebt preis.

VIII

Manchmal noch empfind ich völlig jenen
Kinder-Jubel, *ihn:*
da ein Laufen von den Hügellehnen
schon wie Neigung schien.

Da Geliebt-Sein noch nicht band und mühte,
und beim Nachtlicht-Schein
sich das Aug schloß wie die blaue Blüte
von dem blauen Lein.

Und da Lieben noch ein blindes Breiten
halber Arme war –,
nie so ganz um Einen, um den Zweiten:
offen, arm und klar.

IX

Was nun wieder aus den reinen Scheiten
im Kamine leidenschaftlich flammt,
das war Juli, war August vor Zeiten –,
oh, wie war es innig ein-gestammt

in das Holz, aus dem es lodernd bricht!
Wär auch uns der Sommer eingeflößter,
unser Sommer, wenn er als ein größter
Tag entwölkte unser Angesicht.

Auferstehung, nannten sie's, vom Tode –
Ja, das mag ein solches Flammen sein;
denn der Tod war nie der Antipode
dessen, was sich hier dem Schein

dieser Sonne gab und ihn begehrte –.
Das zum Troste reife Herz erkennts:
Totsein ist: das in uns umgekehrte
Brennen unsres Tempraments.*

* Das Wort ›Temperaments‹ ist in der Niederschrift des Grafen sichtlich das ursprüngliche gewesen –, scheint ihm aber dann doch nicht genügt zu haben; es ist schwer, dieses Wort, das nur eine Anwendungs-*Art* unserer Begabungen bedeutet, in so gründlich-mittlerem Sinne zuzugeben. So wurde es denn auch durchgestrichen und durch ›Elements‹ ersetzt, nicht ohne ein gewisses Bedauern –, möchte man aus dem Benehmen seiner Hand vermuten.

(Anmerkung des Copisten.)

X

Wunderliches Wort: die Zeit vertreiben!
Sie zu *halten*, wäre das Problem.
Denn, wen ängstigts nicht: wo ist ein Bleiben,
wo ein endlich *Sein* in alledem? –

Sieh, der Tag verlangsamt sich, entgegen
jenem Raum, der ihn nach Abend nimmt:
Aufstehn wurde Stehn, und Stehn wird Legen,
und das willig Liegende verschwimmt –

Berge ruhn, von Sternen überprächtigt; –
aber auch in ihnen flimmert Zeit.
Ach, in meinem wilden Herzen nächtigt
obdachlos die Unvergänglichkeit.

Berg am Irchel, Ende November 1920

Zweite Reihe

I

Wie vor dem Einzug, wie in leeren Gemächern,
hämmert der Specht an dem Stamme der kahlen
Ulme. Von Zukunftsplänen strahlen
die Winde über den Dächern.

Dies wird einmal der Sommer sein.
Eine vollendete Wohnung.
Welches Gedräng an der Tür!

Alles zieht selig ein.
Wie zur Belohnung.
Wofür?

II

Schmetterling, das meine und das ihre,
der Natur und meins, wie du's verbrückst:
unser Glück, wenn du an dem Spaliere
leicht, wie in Entwürfen, weiterrückst.

Eben schien ich mir noch unberechtigt,
dieses Künftigen ein Teil zu sein;
denn du glaubst nicht, wie es uns verdächtigt,
unser Herz, das schwer ist und allein.

Doch nun hast du meines Blickes Faden
eingezogen ins Aprilgeweb,
und ich tu dem frohen Teppich Schaden,
wenn ich noch im Webstuhl widerstreb.

III

Neue Sonne, Gefühl des Ermattens
vermischt mit hingebendem Freuen;
aber noch mehr fast ergreift mich die Unschuld des neuen
Schattens.

Schatten des frühesten Laubes, das du durchhellst,
Schatten der Blüten –: wie klar!

Wie du dich, wahres, nirgends verstellst,
offenes Jahr.

Unser Dunkel sogar wird davon zarter,
genau so rein war vielleicht sein Ursprung.
Und einmal war das alte Schwarz aller Marter
so jung.

IV

Du, die ich zeitig schon begann zu feiern,
erriet ich dich und lobte ich dich gut?
Du Heilige, du bliebst in deinen Schleiern
und nur von deinen Schleiern sang mein Blut.

Zwar ward mir immer wieder zum Vergleiche
ein lieblich mich Erfüllendes gesandt,
doch immer war, daß sie dich nicht erreiche,
das Letzte, was die Freundin mir gestand.

O stolze Schwermut meiner Liebeszeiten!
Dies ist dein Name. Ob er dir entspricht?
Wie einen Spiegel hob ich oft vom Weiten
ihn dir entgegen, – doch ich rief ihn nicht.

V

Heut sah ichs früh, das Graue an den Schläfen
und dicht am Mund den unbedingten Zug.
Du, die noch Kind war, wenn wir jetzt uns träfen,
wär dir mein Herz noch Herz genug?

Da gingen wir auf diesem Wiesenpfade
an dem Spalier, das schon von Bienen summt,
und was mich sanft vertröstet, wäre Gnade,
und Sprache wär, was nun in mir verstummt.

Erschiene dir mein Lächeln väterlicher,
nur, weil es dich so lang erwartet hat?
Wär es dir neu? Ach ja, so lächelt sicher
nicht einer deiner Freunde in der Stadt.

– Nimm es wie Landschaft, würd ich sagen, kehre
dich nicht daran, daß es dich überwiegt –
....
Du, die noch Kind war, daß ich dich entbehre,
ist das mein Sieg? Ists das, was mich besiegt?

VI

Dies überstanden haben, auch das Glück
ganz überstanden haben, still und gründlich, –
bald war die Prüfung stumm, bald war sie mündlich,
wer schaute nicht verwundert her zurück.

Gekonnt hats keiner; denn das Leben währt
weils keiner konnte. Aber der Versuche
Unendlichkeit! Das neue Grün der Buche
ist nicht so neu wie was uns widerfährt.

Weils keiner meistert, bleibt das Leben rein.
Ists nicht verlegne Kraft wenn ich am Morgen turne?

Und von der Kraft, die war, wie leise spricht der Stein.
Und auf dem leisen Stein wie fruchthaft schließt
die Urne.

VII

O erster Ruf wagrecht ins Jahr hinein –,
die Vogel-Stimmen stehn.
Du aber treibst schon in die Zeit dein Schrein,
o Kukuk, ins Vergehn –

Da: wie du rufst und rufst und rufst und rufst,
wie einer setzt ins Spiel,
und gar nicht baust, mein Freund, und gar
nicht stufst
zum Lied, das uns gefiel.

Wir warten erst und hoffen . . . Seltsam quer
durchstreift uns dieser Schrei;
als wär in diesem Schon ein Nimmermehr,
ein frühestes Vorbei –

VIII

Was für Vorgefühle in dir schliefen –,
war es Ehrfurcht gegen Glück und Weh,
wenn du schon in deinen Kinderbriefen
selbst das Zeitwort ›Lieben‹ groß schriebst,
Dorothee?

Schon im Wort vorher erschrak die Endung,
so als würde es vor ihr zu hell.
Auch: es wär mir lieb –, die leichte Wendung,
schriebst du angestrengt mit deinem sanften
großen L.

Diese Silbe war in deinem Herzen
immer wie ein neuer Satz. Und eh
du ihn anfingst, wehten deine Kerzen
leis vom Flüchten deines leichten Atems –,
Dorothee –

IX

Schöne Aglaja, Freundin meiner Gefühle,
unser Frohsein erreichte den Lerchenschlag
oben im Morgen. Laß uns nicht fürchten die Kühle
abends nach unserm Sommertag.

Kurve der Liebe, laß sie uns zeichnen. Ihr Steigen
soll uns unendlich rühmlich sein.
Aber auch später, wenn sie sich neigt –: wie eigen.
Wie deine feine Braue so rein.

Palermo 1862

X

Ich ging; ich wars, der das Verhängnis säte,
nun wächst es glücklich auf, verschwenderisch.
Im Halse des Erstickten ist die Gräte
so einig mit sich selber wie im Fisch.

Ich habe nichts, die Waage auszugleichen,
Gewichte nehmen drüben überhand;
unschuldig steht im Himmel noch das Zeichen
und weiß noch nicht von meinem Unbestand.

Denn wie das Licht von manchem Sterne lange
im Weltraum geht, bis es uns endlich trifft,
erscheint erst lang nach unserm Untergange
vor unserm Stern seine entstellte Schrift.

XI

Oft in dem Glasdach der verdeckten Beete
erscheint ein andrer Raum als Spiegelung
wie jener, der uns hier entgegenwehte:
ein künftiger, der an Erinnerung

sich fortgiebt, ohne uns gewährt zu sein.
Wie eingeschränkt ist alles uns Verliehne!
Wer sagt den Inhalt einer Apfelsine?
Wer liest bei jenem Licht im Edelstein?

Musik, Musik, gesteh, ob du vermagst
ihn zu vollziehn den unerhörten Hymen?
Ach, du auch weißt am Ende nur zu rühmen,
gekrönte Luft, was du uns schön versagst.

Berg am Irchel, Anfang März bis Mitte April 1921

*

FÜR FRÄULEIN ELISABETH VON GONZENBACH

Schönheit war einst in tiefbemühten Zeiten
wie nach dem Tag die reine Abend-Ruh;
uns drängt Unsichtbares von allen Seiten,
und aus Gesetzen, die wir überschreiten,
kehrt sich das Leben uns als Drohung zu.

So suchen wir nach einem wachen Geiste,
der nicht mehr ruht, der sich mit uns bewegt.
Wir stürzen hin, und mit uns stürzt das Meiste,
doch kanns geschehn, daß dieses weitgereiste
Gefühl versöhnlich sich zu Ruhe legt.

Wenn irgendwo, in schön geliebtem Hause
Herkömmliches mit Kommendem sich mischt,
von Mißtraun fern und ferne vom Applause:
wie atmet man, wie segnet man die Pause,
wie dankt man dann, erinnert und erfrischt!

Bern, 6. Juli 1919

FÜR FRAU GUDI NÖLKE

Und Dürer zeichnete das »Große Glück«
ganz übergroß, doch irdisch Stück für Stück,
des Frauen-Leibes fühlendes Gebäude.

Wers überholt und blickt danach zurück,
verliert ein Ewiges: *die große Freude.*

Soglio, 21. September 1919

SONETT

O wenn ein Herz, längst wohnend im Entwöhnen,
von aller Kunft und Zuversicht getrennt,
erwacht und plötzlich hört, wie man es nennt:
»Du Überfluß, Du Fülle alles Schönen!«

Was soll es tun? Wie sich dem Glück versöhnen,
das endlich seine Hand und Wange kennt?
Schmerz zu verschweigen war sein Element,
nun zwingt das Liebes-Staunen es, zu tönen.

Hier tönt ein Herz, das sich im Gram verschwieg,
und zweifelt, ob ihm dies zu Recht gebühre:
so reich zu sein in seiner Armut Siege.

Wer *hat* denn Fülle? Wer verteilt das Meiste? –
Wer so verführt, daß er ganz weit verführe:
Denn auch der Leib ist leibhaft erst im Geiste.

Zürich, 3. November 1919

FÜR DIE *FREIE VEREINIGUNG GLEICHGESINNTER* IN LUZERN

Da blüht sie nun schon an die achtzehn Winter
die »Freie Vereinigung Gleichgesinnter«.

Möge sich mancher noch fähig finden,
sie für einen Abend zu binden, –

und daß sie ihm (läßt er sie wieder frei)
stets von der gleichen Gesinnung sei.

Luzern, 13. November 1919

DER GAST

Wer ist der Gast? *Ich* war's in *Ihrem* Kreis.
Doch jeder Gast ist *mehr* zu seiner Stunde;
denn aus des Gastseins ururaltem Grunde
nimmt etwas an ihm teil, was er nicht weiß.

Er kommt und geht. Er ist nicht von Bestand.
Doch fühlend plötzlich, daß man ihn behüte,
erhält er sich im Gleichgewicht der Güte
gleich ferne von bekannt und unbekannt.

Luzern, 13. November 1919

AUF EINEM LAMPENSCHIRM

1

Sei der Flamme, die hinter dem Schirme brennt,
mein Name immer so transparent,
wie für des eigenen Herzens Schein
ich selber möchte durchsichtig sein.

2

Käm des Teufels Namen vor das Licht,
es wäre verfinstert, man sähe es nicht;

wir wiederum sind nicht klar genug:
drum bleibt in Schwarz unser Namenszug.

3

Die Lampe ist wie das Jüngste Gericht,
da führt man keinen mehr hinters Licht;
ein Hinter-dem-Lichte giebt es nicht.
Jeder ist *vor* dem Licht und – spricht.

4

Die Lampe: ein strahlender Mittelpunkt,
mit dem nun jeder Name prunkt;
dafür sind wir alle peripher:
in der Flamme heißt man eben nicht mehr.

13. November 1919, unterwegs von Luzern nach Basel

FÜR DIE VEREINIGUNG *QUODLIBET* IN BASEL

Die Freude, tief Erfahrenes zu bringen,
hält jener anderen das Gleichgewicht,
in der, empfangend, Gutgewillte schwingen:
das sei der Dank, der überzeugend spricht.

Basel, 14. November 1919

FÜR HANS REINHART

Theater will der Wirklichkeit nicht gleichen,
es drängt, es wächst, es blüht darüber hin;
doch plötzlich tritt auf ein geheimes Zeichen
in das Gespielteste der ganze Sinn
von Tod und Leben vor die Herzen Vieler,
die ihn gewahren dürften, wäre dann
Gestalt vor ihnen: ach, der kühne Spieler,
der fraulich fühlt, Kind, Dämon ist und Mann . . .

Und diesmal war's.
Vergeßt nicht.
Staunet an!

Bern, 20. November 1919

FÜR DIE LITERARISCHE VEREINIGUNG IN WINTERTHUR

Was du auch immer empfingst: des Momentes
gedenke
da man durch plötzlich durchsichtig geklärte
Geschenke
leere gewillte Hände erkennt.
Diese Gebärde der Armut hält uns verbunden;
aber nun zeigt sich auch dies: nur durch Fülle der
Stunden,
nur durch Gaben sind wir getrennt.

Winterthur, 30. November 1919

FÜR FRAU THEODORA VON DER MÜHLL

Wie doch im Wort die Flamme herrlich bleibt.
Die Zeit geht hin und kann sie nicht verwehen.
Nur daß ihr Gang auch uns, wenn wir geschehen,
ins Innre dieser Wort-Gestalten treibt.

Locarno, Dezember 1919

FÜR MARIA VON HEFNER-ALTENECK

Es liebt ein Herz, daß es die *Welt* uns rühme,
nicht sich, nicht den Geliebten, denn: wer wars?
Ein Anonymes preist das Anonyme,
wie Vogelaufruf das Gefühl des Jahrs . . .

Zürich, um den 1. Dezember 1919

FÜR FRAU NANNY WUNDERLY-VOLKART

Stein will sich stärken / Werkzeug
mag sich schärfen,
damit ein Herz sich langsam auferbaue:
hier ist das später namenlos genaue
dabei, in reinem Zug sich zu entwerfen.

Locarno, Anfang 1920

FÜR FRAU THEODORA VON DER MÜHLL

Letztes ist nicht, daß man sich überwinde,
nur daß man still aus solcher Mitte liebt,
daß man auch noch um Not und Zorn das Linde,
Zärtliche fühlt, das uns zuletzt umgiebt.

Basel, um den 28. Februar 1920

FÜR HANS ZESEWITZ

Daß wir, was wir erfahren, rein gebrauchten
und in der Not, dem Sturm zu widerstreben,
dies nicht verlören: als die Angehauchten
sanftestem Antrieb fühlend nachzugeben.

Denn zwischen zwei Gewalten steht das Leben:

Die eine will es reißend unterbrechen,
die andre schwingt – als wär es nicht – vorüber.
Doch wir sind schwächer, wo wir widersprechen
als wo wir dienen: denn da gehn wir über.

Schönenberg, bei Pratteln, Mai 1920

FÜR BALADINE

Fülle ist nicht, daß sie uns betrübe –,
Alle ahnten schließlich, wer besaß?
Fürchte nicht zu leiden, aber übe
Dir das reine Herz am Übermaß.

Bern, 30. August 1920

Laß dir, daß Kindheit war, diese namenlose
Treue der Himmlischen, nicht widerrufen
vom Schicksal,
selbst den Gefangenen noch, der finster im
Kerker verdirbt,
hat sie heimlich versorgt bis ans Ende. Denn zeitlos
hält sie das Herz. Selbst den Kranken,
wenn er starrt und versteht, und schon giebt ihm das
Zimmer nicht mehr
Antwort, weil es ein heilbares ist –, heilbar
liegen seine Dinge um ihn, die fiebernden, mit-krank,
aber noch heilbar, um den Verlorenen –: *ihm* selbst
fruchtet die Kindheit. Reinlich
in der verfallnen Natur hält sie ihr herzliches Beet.

Nicht, daß sie harmlos sei. Der behübschende Irrtum,
der sie verschürzt und berüscht, hat nur vergänglich
getäuscht.
Nicht ist sie sichrer als wir und niemals geschonter;
keiner der Göttlichen wiegt ihr Gewicht auf. Schutzlos
ist sie wie wir, wie Tiere im Winter, schutzlos.
Schutzloser: denn sie erkennt die Verstecke nicht.
Schutzlos,
so als wäre sie selber das Drohende. Schutzlos
wie ein Brand, wie ein Ries', wie ein Gift, wie was umge
nachts, im verdächtigen Haus, bei verriegelter Tür.

Denn wer begriffe nicht, daß die Hände der Hütung
lügen, die schützenden –, selber gefährdet.
Wer *darf* denn?
Ich!

– Welches Ich?
Ich, Mutter, ich *darf*. Ich war Vor-Welt.
Mir hats die Erde vertraut, wie sie's treibt
mit dem Keim,
daß er heil sei. Abende, o, des Vertrauens, wir regneten
beide,
still und aprilen, die Erde und ich, in den Schooß uns.
Männlicher! ach, wer beweist dir die trächtige
Eintracht,
die wir uns fühlten. *Dir* wird die Stille im Weltall
niemals verkündet, wie sie sich schließt um ein
Wachstum. –

Großmut der Mütter. Stimme der Stillenden.
Dennoch!
Was du da nennst, das *ist* die Gefahr, die *ganze*
reine Gefährdung der Welt –, und so schlägt sie in
Schutz um,
wie du sie völlig erfühlst. Das innige Kindsein
steht wie die Mitte in ihr. Sie *aus*-fürchtend, furchtlos.

Aber die Angst! Sie erlernt sich auf einmal im Abschluß,
den das Menschliche schafft, das *un*dichte. Zugluft,
zuckt sie herein durch die Fugen. Da ist sie.
Vom Rücken
huscht sie es an überm Spielen, das Kind, und zischelt
Zweitracht ins Blut –, die raschen Verdachte, es würde
immer ein Teil nur, später, ergreiflich sein, immer
irgend ein Stück, fünf Stücke, nicht einmal
alle verbindbar, des Daseins, und alle zerbrechlich.
Und schon spaltet sie an, im Rückgrat, des Willens

Gerte, daß sie gegabelt, ein zweifelnder Ast am
Judas-Baume der Auswahl, wachsend verholze.
....
....

Berg am Irchel, Dezember 1920

NIKE

Zu einer antiken Figur:
(kleine Nike an der Schulter des Helden)

Der Sieger trug sie. War sie schwer? Sie schwingt
wie Vor-Gefühl an seinem Schulterbuge;
in ihrem leis ihm eingeflößten Fluge
bringt sie den Raum ihm *leer*, den er *voll-bringt*.

Sie wandelt Weite um in ein Gefäß,
damit sein Handeln nicht im Wind zerstiebe.
Sie flog zum Gott –, und zögert ihm zu liebe,
und ihr zu lieb wird er dem Maß gemäß.

Berg am Irchel, 12. Dezember 1920

FÜR FRÄULEIN NORA NIKISCH

Wer aber weiß von uns? Nicht Baum, noch Sterne,
nicht die vergangnen Helden, die wir gerne
beriefen –, ach, nicht einmal unser Haus!
Kleingläubige, so lobet doch die Ferne:
nur weil sie fern sind, drücken sie uns aus.

Berg am Irchel, um Weihnachten 1920

FÜR FRITZ ADOLF HÜNICH

Aufstehn war Sagen damals. Schlafengehn
war abermals ein Sagen der Gesichte.
Das Herz stand früh und abends im Gerichte,
mit eingeständigem Geschehn.

So hat sich diesem innersten Diktate
schließlich die Hand erschrockener gefügt;
wohin die Zeile ging? – Sie ging zu Rate
mit jenem Geist, dem sie genügt.

Berg am Irchel, zu Weihnachten 1920

HAÏ-KAÏ

Kleine Motten taumeln schauernd quer aus dem Buchs;
sie sterben heute Abend und werden nie wissen,
daß es nicht Frühling war.

Berg am Irchel, 25. Dezember 1920

FÜR PFARRER W. BECKER

Daß Demut je in Stolzsein überschlüge –,
o Zauber aller Zauber –: wie geschähs?
Was wird aus stolzer Demut? Wird sie Lüge? –
Nein: sie wird Überfluß – und der Genüge
am Überfluß das herrlichste Gefäß.

Berg am Irchel, 5. März 1921

FÜR RENÉ D'HARNONCOURT

Wenn es ein Herz zu jener Stille bringt,
die Dingen eigen ist, zu reinem Warten,
wird es (mitten im Schicksal) unbedingt
und schuldlos offen: siehe: wie ein Garten,
dem, hingegeben, daß er giebt, gelingt.

Berg am Irchel, Mitte März 1921

DAS KRANZGEDICHT FÜR LO SANDER

So oft du auch die Blumen der vertrauten
spielenden Wiesen dir zum Kranze wandest
und wie zur Probe, froh, im Schmucke standest,
vor jenen Augen, die dich täglich schauten –:

Nun faß dich neu für einen neuen Kranz.
Die andern waren wie ein Wettspiel, heiter,
ein Mitblühn, ach, ein Längerblühn –,
was weiter?
Doch dieser neue übertrifft dich ganz.

Er stammt von Sträuchern südlicher Gelände.
Dies Weiße seiner Blüten täuscht: sie glühn.
Orangenpracht und Stolz der Taxuswände
sind ihm verwandt –, und tief im Immergrün

ist Vorrat wie zur Schöpfung einer Nacht . . .
Mehr als wir je vermag er dich zu fassen,

der fremde Kranz –: so sei ihm überlassen,
ihm, der dich rein und sternig überwacht!

Berg am Irchel, zweite Hälfte März 1921

BAUDELAIRE

Der Dichter einzig hat die Welt geeinigt,
die weit in jedem auseinanderfällt.
Das Schöne hat er unerhört bescheinigt,
doch da er selbst noch feiert, was ihn peinigt,
hat er unendlich den Ruin gereinigt:

und auch noch das Vernichtende wird Welt.

Berg am Irchel, für Anita Forrer zum 14. April 1921

FÜR BALADINE

Der Gram ist schweres Erdreich. Darin
wurzelt dunkel ein seliger Sinn,
daß er sich blühend entringe;
wie war in dir, mein stiller Schooß,
alles trotzdem namenlos:
draußen erst heißen die Dinge.

Heißen nach Zweifel und heißen nach Zeit,
aber da legen wir Seligkeit
plötzlich zwischen die Namen.

Und dann tritt auch die reine Hirschkuh
und der starke Stern dazu
in den befriedigten Rahmen.

Muzot, 13. Oktober 1921

FÜR WERNER REINHART

ins Gäste-Buch auf Muzot

Die Erde ist noch immer überschwemmt.
Als mir die Arche auf dem »*Berg*« zerfiel,
schien mir, als ob noch manches Krokodil
unter dem trüben Stand der Wasser schnarche;
(sie spielen noch das schlimme Sintflutspiel).
So fiel ich auf die Kniee, diesem fremd,
und bat den Herrn um eine andre Arche.

Und er erhörte mich und trieb die Mäuse
aus einem Turm, der ihnen Nahrung war,
und zeigte mir das heilbare Gehäuse,
das eines Malers Hand vor manchem Jahr
für *Sie* gemalt. Dann rief er Sie desgleichen,
der nirgends einen Zufall kennt, der Gott,
und überhäufte uns mit hundert Zeichen
das endlich doch gebotene Muzot.

Und ich zog ein. Allein? Nein, eine Schar
von Überstehern, wie in Noah's Märchen.
Denn mit mir: jeglichen Gefühls ein Pärchen,
und aller denkbaren Gestalt – ein Paar.

Muzot, 15. Dezember 1921

FÜR LEONIE ZACHARIAS

Oh sage, Dichter, was du tust?
– Ich rühme.
Aber das Tödliche und Ungetüme,
wie hältst du's aus, wie nimmst du's hin?
– Ich rühme.
Aber das Namenlose, Anonyme,
wie rufst du's, Dichter, dennoch an?
– Ich rühme.
Woher dein Recht, in jeglichem Kostüme,
in jeder Maske wahr zu sein?
– Ich rühme.
Und daß das Stille und das Ungestüme
wie Stern und Sturm dich kennen?
: – weil ich rühme.

Muzot, 20. Dezember 1921

FÜR FRITZ ADOLF HÜNICH

Ich komme mir leicht verstorben vor,
da ich dieses nicht hindern konnte –,
wie ein Mond, der sein Recht verlor
über das wiederbesonnte

Land. *Sie* führten das neue Licht
weckender Exegesen.
Nun sagt ich am Liebsten: Ich war es nicht.
Aber wer ists gewesen?

Lieber Herr Hünich: besser zirpt
von Anfang die kleinste Grille;
aber freilich: *ihr* verdirbt
niemand Natur und Stille.

Muzot, 28. Januar 1922, zur Herausgabe der Sammlung »Aus der Frühzeit«

Solang du Selbstgeworfnes fängst, ist alles
Geschicklichkeit und läßlicher Gewinn –;
erst wenn du plötzlich Fänger wirst des Balles,
den eine ewige Mit-Spielerin
dir zuwarf, deiner Mitte, in genau
gekonntem Schwung, in einem jener Bögen
aus Gottes großem Brücken-Bau:
erst dann ist Fangen-Können ein Vermögen, –
nicht deines, einer Welt. Und wenn du gar
zurückzuwerfen Kraft und Mut besäßest,
nein, wunderbarer: Mut und Kraft vergäßest
und schon geworfen *hättest* . . . . . (wie das Jahr
die Vögel wirft, die Wandervogelschwärme,
die eine ältre einer jungen Wärme
hinüberschleudert über Meere –) erst
in diesem Wagnis spielst du gültig mit.
Erleichterst dir den Wurf nicht mehr; erschwerst
dir ihn nicht mehr. Aus deinen Händen tritt
das Meteor und rast in seine Räume . . .

Muzot, 31. Januar 1922

KLEINER GEDICHTKREIS MIT DER VIGNETTE: IN LAUB AUSSCHLAGENDE LEYER

I

Über die Quelle geneigt,
ach, wie schweigt Narziß;
und in den Wäldern schweigt
schweifende Artemis.

O welches wehe Los:
reden trotzdem;
flüstert man liebend bloß,
hörts Polyphem.

Aber ein Mund, ein Mund –,
einer, der singt und spricht . . .
dürft ich nur hören und
wäre es nicht . . .

II

O wer die Leyer sich brach,
sag mir aus welchem Geäst
bog er sie, schlug sie und sprach
was ihn verläßt?

Gab ihr die Hörnergestalt,
wie der Gazelle geraubt;
trat dann allein aus dem Wald –
wo ist das Haupt?

Wie ist sie weiblich, wie
schwingt sie den Hüftenschwung.
Wie ist er hart gegen sie.
Wie ist sie jung.

III

Töpfer, nun tröste, treib
treib deiner Scheibe Lauf!
Mir gehts in Hauchen auf,
du formst den Leib.

Wär ich wie Du! Ich spür
wie ich da säß . . . .
Was ist sie? . . . Zeichnung für
. . . . . ein . . . Gefäß?

Diese? die Leyer? – So
dreh mir den Trug;
wenn auch aus Schleier, oh!
wird's doch ein Krug.

Muzot, 31. Januar 1922

. . . Wann wird, wann wird, wann wird es genügen
das Klagen und Sagen? Waren nicht Meister im Fügen
menschlicher Worte gekommen? Warum die neuen
Versuche?

Sind nicht, sind nicht, sind nicht vom Buche
die Menschen geschlagen wie von fortwährender
Glocke?

Wenn dir, zwischen zwei Büchern, schweigender
Himmel erscheint: frohlocke . . .,
oder ein Ausschnitt einfacher Erde im Abend.

Mehr als die Stürme, mehr als die Meere haben
die Menschen geschrieen . . . Welche Übergewichte
von Stille
müssen im Weltraum wohnen, da uns die Grille
hörbar blieb, uns schreienden Menschen.
Da uns die Sterne
schweigende scheinen, im angeschrieenen Äther!

Redeten uns die fernsten, die alten und ältesten Väter!
Und wir: Hörende endlich! Die ersten
hörenden Menschen.

Muzot, 1. Februar 1922

SONETT

O das Neue, Freunde, ist nicht dies,
daß Maschinen uns die Hand verdrängen.
Laßt euch nicht beirrn von Übergängen,
bald wird schweigen, wer das ›Neue‹ pries.

Denn das Ganze ist unendlich neuer,
als ein Kabel und ein hohes Haus.
Seht, die Sterne sind ein altes Feuer,
und die neuern Feuer löschen aus.

Glaubt nicht, daß die längsten Transmissionen
schon des Künftigen Räder drehn.
Denn Aeonen reden mit Aeonen.

Mehr, als wir erfuhren, ist geschehn.
Und die Zukunft faßt das Allerfernste
rein in eins mit unserm innern Ernste.

Muzot, 2./5. Februar 1922
Aus dem Umkreis der Sonette an Orpheus

GEGEN-STROPHEN

Oh, daß ihr hier, Frauen, einhergeht
hier unter uns, leidvoll,
nicht geschonter als wir und dennoch imstande,
selig zu machen wie Selige.

Woher,
wenn der Geliebte erscheint,
nehmt ihr die Zukunft?
Mehr, als je sein wird.
Wer die Entfernungen weiß
bis zum äußersten Fixstern,
staunt, wenn er diesen gewahrt,
euern herrlichen Herzraum.
Wie, im Gedräng, spart ihr ihn aus?
Ihr, voll Quellen und Nacht.

Seid ihr wirklich die gleichen,
die, da ihr Kind wart,

unwirsch im Schulgang
anstieß der ältere Bruder?
Ihr Heilen.

Wo wir als Kinder uns schon
häßlich für immer verzerrn,
wart ihr wie Brot vor der Wandlung.

Abbruch der Kindheit
war euch nicht Schaden. Auf einmal
standet ihr da, wie im Gott
plötzlich zum Wunder ergänzt.

Wir, wie gebrochen vom Berg,
oft schon als Knaben scharf
an den Rändern, vielleicht
manchmal glücklich behaun;
wir, wie Stücke Gesteins,
über Blumen gestürzt.

Blumen des tieferen Erdreichs,
von allen Wurzeln geliebte,
ihr, der Eurydike Schwestern,
immer voll heiliger Umkehr
hinter dem steigenden Mann.

Wir, von uns selber gekränkt,
Kränkende gern und gern
Wiedergekränkte aus Not.
Wir, wie Waffen, dem Zorn
neben den Schlaf gelegt.

Ihr, die ihr beinah Schutz seid, wo niemand
schützt. Wie ein schattiger Schlafbaum
ist der Gedanke an euch
für die Schwärme des Einsamen.

Vers 1-4: Venedig, Sommer 1912;
das übrige: Muzot, 9. Februar 1922

Wir, in den ringenden Nächten,
wir fallen von Nähe zu Nähe;
und wo die Liebende taut,
sind wir ein stürzender Stein.

Muzot, 9. Februar 1922

VASEN-BILD

(Toten-Mahl)

Sieh, wie unsre Schalen sich durchdringen
ohne Klirrn. Und Wein geht durch den Wein
wie der Mond durch seinen Widerschein
im Gewölk. Oh stilles Weltverbringen . . .
Und der leichte Nicht-Klang spielt wie ein
Schmetterling mit andern Schmetterlingen,
welche tanzen um den warmen Stein.

Blinder Bissen wölbt sich ohne Gröbe,
doch, genährt mit nichts wie die Amöbe,
ließ ich, auch wenn ich ihn näher höbe,
jenen Abstand dauern von vorhin;

und das einzige, das mich selbst verschöbe,
ist der Schritt der Tänzerin.

Muzot, zwischen 11. und 15. Februar 1922

Manchen ist sie wie Wein, der das Glänzen des Glases
herrlich hinzunimmt in sein innres Geleucht,
andere atmen sie ein wie die Blüte des Grases,
oder sie schwindet vor ihnen, verfolgt und
verscheucht.

Vielen erneut sie das heimliche Hören und steigert
jeden Anklang an sie der geklärten Natur.
Schmähe sie keiner, dem sie sich scheinbar verweigert,
der nur den Raum ihrer Wohnung erfuhr;

ja nur das Tor, den Bogen, den plötzlich bekränzten,
ja nur den Weg, von dessen Biegung es heißt,
daß sie die letzte sei vor dem immerbeglänzten
Haus, wo die Herzen, getränkt und gespeist,

stark sind und sicher. Wo sie das *sind*, was sie meinten,
wenn sie verlangten nach Tag und Ertrag
und aus langen, verlorenen oder verweinten
Nächten aufschlugen mit schrecklichem Schlag.

Denn auch jene, nichts als sich Sehnenden leisten,
nur unscheinbar verteilter, den ganzen Bezug;
ihre stark glänzenden Herzen umkreisten
Welten aus Nacht in vollendetem Bug.

Muzot, etwa 23. Februar 1922

KATHARINA KIPPENBERG ZUGEEIGNET

Neigung: wahrhaftes Wort. Daß wir *jede* empfänden,
nicht nur die neue, die uns ein Herz noch verschweigt;
wenn sich ein Hügel langsam mit sanften Geländen
zu der empfänglichen Wiese neigt:
sei uns auch dieses *unser.* Sei uns vermehrlich.
Oder des Vogels reichlicher Flug
schenke uns Herzraum, mache uns Zukunft
entbehrlich.
Alles ist Überfluß. Denn genug
war es schon damals, als uns die Kindheit bestürzte
mit unendlichem Dasein. Damals schon
war es zuviel. Wie sollten wir jemals Verkürzte
oder Betrogene sein: wir, mit jeglichem Lohn
schon Überlohnten . . . .   *Muzot, um den 23. Februar 1922*

IN DAS GÄSTEBUCH AUF CHÂTEAU DE MUZOT

In diesem Haus der Blonay, de la Tour,
de Monthéÿs –, war, da nach langer Pause,
sein Leben neu begann, noch *vor* dem Herrn
der Gast zu Haus. Dies deutet, der's erfuhr:
Der Gast sei stets das Blühn in diesem Hause,
der späte Herr, in seiner Frucht, der Kern.

Dem Lehens-Herrn
am Ausgang des wunderbar gewährten
Winters 1921/22.
Rainer Maria Rilke.

ODETTE R....

Tränen, die innigsten, *steigen*!

O wenn ein Leben
völlig stieg und aus Wolken des eigenen Herzleids
niederfällt: so nennen wir Tod diesen Regen.

Aber fühlbarer wird darüber, uns Armen,
das dunkle –,
köstlicher wird, uns Reichen, darüber das seltsame
Erdreich.

Muzot, 21. Dezember 1922

FÜR MAX NUSSBAUM

Leben und *Tod*: sie sind im Kerne Eins.
Wer sich begreift aus seinem eignen Stamme,
der preßt sich selber zu dem Tropfen Weins
und wirft sich selber in die reinste Flamme.

Muzot, 22. Dezember 1922

FÜR PRINZESSIN MARIE THERESE VON THURN UND TAXIS

Wir sagen Reinheit und wir sagen Rose
und klingen an an alles, was geschieht;
dahinter aber ist das Namenlose
uns eigentlich Gebilde und Gebiet.

Mond ist uns Mann und Erde ist uns weiblich,
die Wiese scheint voll Demut, stolz der Wald;
doch über alles wandelt unbeschreiblich
die immer unentschiedene Gestalt.

Die Welt bleibt Kind; nur wir erwachsen leider.
Blume und Stern sind still, uns zuzusehn.
Und manchmal scheinen wir die Prüfung beider
und dürfen fühlen, wie sie uns bestehn.

Muzot, um den 20. Mai 1923

DER REISENDE

Auf einer Reise geschrieben, für den aus unerschöpflichem Vertrauen mitwirkenden Freund so vieler Jahre, Wege und Wandlungen

Wie sind sie klein in der Landschaft, die beiden,
die sich gegenseitig mit dem bekleiden,
das sie mit zärtlichen Händen weben;
und der Zug, der nicht Zeit hat, zu unterscheiden,
wirft einen Wind von Meineiden
über diese unendlichen Leben.
Ach das Vorbei, das Vorbei der zahllosen Züge,
und die Wiesen wie widerrufen;
Abschiede streifen die Straßen und Stufen,
wo noch eben in heiler Genüge
Menschen sich halten. Wer sie doch größer
machte, mindestens wie die Gebäude,
diese einander Freude-Einflößer,
diese offenen Opfer der Freude.

Kenn ich sie nicht, diese innig Beschwingten,
die von den plötzlich unbedingten
Herzen in endlose Räume gerissen,
schweben –,
oder die eben
von der gemeinsamen Wasserscheide
niedergleiten ins Weiche der Täler?
War ich nicht immer ihr leiser Erzähler?
Bin ich nicht einer? Bin ich nicht beide?
Bin ich nicht täglich ihr Aufstehn zum Ganzen,
ihr unsäglich reines Beginnen
und das kleine Besinnen mitten im Tanzen,
das sie vergessen?

Laß uns an ihnen langsam ermessen,
was ein Grab ist, ein Grab in der Erde
und die Beschwerde dessen,
was unterm Fuß war, nun überm Herzen für immer.
Schlimmer kann es nicht kommen. Aber auch an
Gräbern fahren die Züge vorüber,
                                        den bangen
und Über des Lebens
stehn unbefangen
an zitternden Fenstern.
                              Nach welchen Klimaten
ziehn wir im Reisen? Wer giebt uns den Wink?
Woher wissen wir, daß die Stete verging,
und lassen uns plötzlich weiterweisen
von Ding zu Ding?
Wer wirft unser Herz vor uns her, und wir jagen

dieses köstliche Herz, das wir nur in der Kindheit
ertragen,
das *uns* seither trug.
(Aber wer war ihm Flug genug?)

Wie sehn sie die Landschaft, die rascheren hohen
Herzen, die uns im Schwung übertragen,
diese Landschaft aus trüben und frohen
Blicken und Schlafen.
Wie mag sie den freien
Herzen erscheinen, die sich entzweien
von unserem Zögern . . .
Wie sehn sie die Häuser,
wie jene Gräber und wie die zu kleinen
Gestalten der Liebenden, abseits, –
wie aber die Bücher, die von dem Winde der Sehnsucht
aufgeschlagenen Bücher der Einsamen?

Im Zug über den Lötschberg ins Wallis,
20. Juni 1923

IMAGINÄRER LEBENSLAUF

Erst eine Kindheit, grenzenlos und ohne
Verzicht und Ziel. O unbewußte Lust.
Auf einmal Schrecken, Schranke, Schule, Frohne
und Absturz in Versuchung und Verlust.

Trotz. Der Gebogene wird selber Bieger
und rächt an anderen, daß er erlag.

Geliebt, gefürchtet, Retter, Ringer, Sieger
und Überwinder, Schlag auf Schlag.

Und dann allein im Weiten, Leichten, Kalten.
Doch tief in der errichteten Gestalt
ein Atemholen nach dem Ersten, Alten . . .

Da stürzte Gott aus seinem Hinterhalt.

Schöneck, 15. September 1923

ZWEI GEDICHTE

Für Elisabeth Sulomm

I Ex Voto

Welches, unter dein Bild, heft ich der Glieder,
der kranken,
Schweigende du, die ich lang, die ich langsam
beschwor?
Häng ich die Hände dir hin, die vom Herzen mir
sanken,
oder selber das Herz, das diese Hände verlor?

Heilest du mir meinen Fuß, der zu der armen Kapelle
schmerzhaft die Wege vollzog? Willst du mein
knieendes Knie?
Weiß ich denn, was mir geschah? – Es verschlang mich
die Welle,
oder ein Feuer ging um und war größer als sie.

Oder war es der Blitz? Oder fiel ich vom Wagen?
Drang ein Gift in mich ein, oder stieß mich ein Tier?
Hat die Erde an mich –, hab ich an die Erde
geschlagen?
Nimm mich ganz an dein Bild: Vielleicht siehst du's
an mir.

II Tränenkrüglein

Andere fassen den Wein, andere fassen die Öle
in dem gehöhlten Gewölb, das ihre Wandung
umschrieb.
Ich, als ein kleineres Maß, und als schlankestes, höhle
mich einem andern Bedarf, stürzenden Tränen zulieb.

Wein wird reicher, und Öl klärt sich noch weiter
im Kruge.
Was mit den Tränen geschieht? – Sie machten mich
schwer,
machten mich blinder und machten mich schillern
am Buge,
machten mich brüchig zuletzt und machten mich leer.

Schöneck, 16. September 1923

Wir sind nur Mund. Wer singt das ferne Herz,
das heil inmitten aller Dinge weilt?
Sein großer Schlag ist in uns eingeteilt
in kleine Schläge. Und sein großer Schmerz
ist, wie sein großer Jubel, uns zu groß.
So reißen wir uns immer wieder los

und sind nur Mund. Aber auf einmal bricht
der große Herzschlag heimlich in uns ein,
so daß wir schrein –,
und sind dann Wesen, Wandlung und Gesicht.

Schöneck, Ende September 1923

ZUEIGNUNG AN M....

geschrieben am 6. und 8. November 1923
(als Arbeits-Anfang eines neuen Winters auf Muzot)

Schaukel des Herzens. O sichere, an welchem
unsichtbaren
Aste befestigt. Wer, wer gab dir den Stoß,
daß du mit mir bis ins Laub schwangst.
Wie nahe war ich den Früchten, köstlichen.
Aber nicht Bleiben
ist im Schwunge der Sinn. Nur das Nahesein, nur
am immer zu Hohen plötzlich das mögliche
Nahsein. Nachbarschaften und dann
von unaufhaltsam erschwungener Stelle
– wieder verlorener schon – der neue, der Ausblick.
Und jetzt: die befohlene Umkehr
zurück und hinüber hinaus in des Gleichsgewichts
Arme.
Unten, dazwischen, das Zögern, der irdische Zwang,
der Durchgang
durch die Wende der Schwere –, vorbei: und es spannt
sich die Schleuder,
von der Neugier des Herzens beschwert,
in das andere Gegenteil aufwärts.

Wieder wie anders, wie neu! Wie sie sich beide
beneiden
an den Enden des Seils, diese Hälften der Lust.

Muzot, 6. und 8. November 1923

FÜR MAX PICARD

Da stehen wir mit Spiegeln:
einer dort . . . . . ., und fangen auf,
und einer da, am Ende nicht verständigt;
auffangend aber und das Bild weither
uns zuerkennend, dieses reine Bild
dem andern reichend aus dem Glanz des Spiegels.
Ballspiel für Götter. Spiegelspiel, in dem
vielleicht drei Bälle, vielleicht neun sich kreuzen,
und keiner jemals, seit sich Welt besann,
fiel je daneben. Fänger, die wir sind.
Unsichtbar kommt es durch die Luft, und dennoch,
wie ganz der Spiegel ihm begegnet, diesem
(in ihm nur völlig Ankunft) diesem Bild,
das nur so lang verweilt, bis wir ermessen,
mit wieviel Kraft es weiter will, wohin.

Nur dies. Und dafür war die lange Kindheit,
und Not und Neigung und der tiefe Abschied
war nur für dieses. Aber dieses lohnt.

Muzot, November 1923

SIEBEN ENTWÜRFE AUS DEM WALLIS
oder
DAS KLEINE WEINJAHR

Geschrieben für den Freund und Gast-Freund,
als ein kleiner weihnachtlicher Ertrag seines
Schloß-Gutes zu Muzot
(1923)

1

Le souvenir de la neige
d'un jour à l'autre s'efface;
la terre blonde et beige
réapparaît à sa place.

Une bêche alerte
déjà (écoute!) opère;
on se rappelle que verte
est la couleur qu' on préfére.

Sur les coteaux on aligne
tantôt un tendre treillage;
donnez la main à la vigne
qui vous connaít et s'engage.

2

Dumpfe Erde: wie hieß es, ihr jeden
Stein entringen als wie aus Fäusten;
aber die raschesten kamen, die neusten
Wasser kamen die überreden.

Redeten zu aus der drängendsten Nähe,
nannten sie ausgeruht, nannten sie gut,
kühlten das Zornige, lösten das Zähe,
machten sie willig und wohlgemut.

Und nun sieh, wie die Wege umschwingen,
was da gelang: wie das Band einen Hut.
Leise gedeiht das gelockte Gelingen,
von zustimmenden Himmeln umruht.

3

Wie er spart, der Wein. Kaum glüht die Blüte.
Nur ein Zukunftsduft wird leise frei.
So, als ob das Erdreich, das bemühte,
abergläubisch im Versprechen sei.

Wie der Künstler nicht, was ihm gelänge,
seinem Werk voraus versprechen mag, –
halten sich die überglückten Hänge
schräg und träge in den reinen Tag.

4

So wie Jakob mit dem Engel rang
ringt der Weinstock mit dem Sonnen-Riesen,
diesen großen Sommertag und diesen
Tag im Herbst, bis an den Untergang.

Der gelockte schöne Weinstock ringt.
Aber abends, langsam losgelassen,

fühlt er, wie aus dem Herüberfassen
jener Arme ihn die Kraft durchdringt,

wider die er, wie ein Knabe, drängte;
ganz gemischt mit seinem Widerstand,
wird sie nun in ihm das Unumschränkte . . .
Und der Sieg bleibt rein und unerkannt.

5

....
Lächeln . . ., beinah Gesicht
dieser gelochten Gelände.
Leiber aus Trauben, grüne
Hände, die blättern im Licht.

Als wär ein göttliches Bild
vergraben unter den Reben,
um sich zu geben durch Masken,
verteilt und gewillt . . . . .

6

Weinbergterrassen, wie Manuale:
Sonnenanschlag den ganzen Tag.
Dann von der gebenden Rebe zur Schale
überklingender Übertrag.

Schließlich Gehör in empfangenden Munden
für den vollendeen Traubenton.
Wovon ward die tragende Landschaft entbunden?
Fühl ich die Tochter? Erkenn ich den Sohn?

7

Comme, aux Saintes-Maries, lá-bas,
dans l'indescriptible tourmente,
celui qui d'un un coup se vante
d'être guéri, s'en va,
jetant sa béquille ardente:
ainsi la vigne, absente
a jeté échalas.

Tant de béquilles qui gisent
grises sur la terre grise;
le miracle est donc accomplie;

Où est-elle, la vigne? Elle marche,
elle danse sans doute devant l'arche . . .

Heureux ceux qui l'auront suivie!

Muzot, November und Dezember 1923

GESCHRIEBEN FÜR FRAU HELENE BURCKHARDT

Weiß die Natur noch den Ruck,
da sich ein Teil der Geschöpfe
abriß vom stätigen Stand?
Blumen, geduldig genug,
hoben nur horchend die Köpfe,
blieben im Bogen gebannt.

Weil sie verzichteten auf
Gang und gewillte Bewegung,
stehn sie so reich und so rein.
Ihren tiefinneren Lauf,
voll von entzückter Erregung,
holt kein Jagender ein.

Innere Wege zu tun
an der gebotenen Stelle,
ist es nicht menschliches Los?
Anderes drängt den Taifun,
anderes wächst mit der Welle –,
uns sei Blume-sein groß.

Muzot, 22. Dezember 1923

FÜR *NIKE*

Weihnachten 1923

Alle die Stimmen der Bäche,
jeden Tropfen der Grotte,
bebend mit Armen voll Schwäche
geb ich sie wieder dem Gotte

und wir feiern den Kreis.

Jede Wendung der Winde
war mir Wink oder Schrecken;
jedes tiefe Entdecken
machte mich wieder zum Kinde –,

und ich fühlte: ich weiß.

Oh, ich weiß, ich begreife
Wesen und Wandel der Namen;
in dem Innern der Reife
ruht der ursprüngliche Samen,

nur unendlich vermehrt.

Daß es ein Göttliches binde,
hebt sich das Wort zur Beschwörung,
aber, statt daß es schwinde,
steht es im Glühn der Erhörung

singend und unversehrt.

FÜR FRAU FANETTE CLAVEL

Schweigen. Wer inniger schwieg,
rührt an die Wurzeln der Rede.
Einmal wird ihm dann jede
erwachsene Silbe zum Sieg:

über das, was im Schweigen nicht schweigt,
über das höhnische Böse;

daß es sich spurlos löse,
ward ihm das Wort gezeigt.

Muzot, 23. Januar 1924

FÜR ROBERT FAESI UND FRAU JENNY FAESI

Wo sich langsam aus dem Schon-Vergessen
einst Erfahrnes uns entgegenhebt,
rein gemeistert, milde, unermessen
und im Unantastbaren erlebt:

Dort beginnt das Wort, wie wir es meinen;
seine Geltung übertrifft uns still.
Denn der Geist, der uns vereinsamt, will
völlig sicher sein, uns zu vereinen.

Muzot, 24. Januar 1924

DIE FRUCHT

Das stieg zu ihr aus Erde, stieg und stieg,
und war verschwiegen in dem stillen Stamme
und wurde in der klaren Blüte Flamme,
bis es sich wiederum verschwieg.

Und fruchtete durch eines Sommers Länge
in dem bei Nacht und Tag bemühten Baum,
und kannte sich als kommendes Gedränge
wider den teilnahmsvollen Raum.

Und wenn es jetzt im rundenden Ovale
mit seiner vollgewordnen Ruhe prunkt,
stürzt es, verzichtend, innen in der Schale
zurück in seinen Mittelpunkt.

Muzot, Ende Januar 1924

FÜR HANS CAROSSA

Auch noch Verlieren ist *unser*; und selbst das Vergessen
hat noch Gestalt in dem bleibenden Reich der
Verwandlung.
Losgelassenes kreist; und sind wir auch selten die Mitte
einem der Kreise: sie ziehn um uns die heile Figur.

Muzot, 7. Februar 1924

DAS FÜLLHORN

Geschrieben für Hugo von Hofmannsthal

Schwung und Form des gebendsten Gefäßes,
an der Göttin Schulter angelehnt;
unsrer Fassung immer ungemäßes,
doch von unsrem Sehnen ausgedehnt –:

in der Tiefe seiner Windung faßt es
aller Reife die Gestalt und Wucht,
und das Herz des allerreinsten Gastes
wäre Form dem Ausguß solcher Frucht.

Obenauf der Blüten leichte Schenkung,
noch von ihrer ersten Frühe kühl,
alle kaum beweisbar, wie Erdenkung,
und vorhanden, wie Gefühl . . .

Soll die Göttin ihren Vorrat schütten
auf die Herzen, die er überfüllt,
auf die vielen Häuser, auf die Hütten,
auf die Wege, wo das Wandern gült?

Nein, sie steht in Überlebensgröße
hoch, mit ihrem Horn voll Übermaß.
Nur das Wasser unten geht, als flöße
es ihr Geben in Gewächs und Gras.

Muzot, 11. Februar 1924

DER MAGIER

Er ruft es an. Es schrickt zusamm und steht.
Was steht? Das Andre; alles, was nicht er ist,
wird Wesen. Und das ganze Wesen dreht
ein raschgemachtes Antlitz her, das mehr ist.

Oh Magier, halt aus, halt aus, halt aus!
Schaff Gleichgewicht. Steh ruhig auf der Waage,
damit sie einerseits dich und das Haus
und drüben jenes Angewachsne trage.

Entscheidung fällt. Die Bindung stellt sich her.
Er weiß, der Anruf überwog das Weigern.

Doch sein Gesicht, wie mit gedeckten Zeigern,
hat Mitternacht. Gebunden ist auch er.

Muzot, 12. Februar 1924

FÜR GERTRUD OUCKAMA KNOOP

... Erfahren in den flutenden Verkehren,
die durch die wehrlos dichten Wände ziehn,
war er entschlossen, keine zu entbehren,
der Stimmen ..., und sie hielten sich an ihn.

Sie kamen sanft wie der verschwebte Samen,
der oft vom Park her in die Fenster drang;
er kannte nicht den reinen Blumennamen,
der in ihm wuchs aus ihrem Untergang ...

Muzot, 12. Februar 1924

ENTWÜRFE AUS ZWEI WINTERABENDEN

Anton Kippenberg in Freundschaft
zugewendet zum 22. Mai 1924

Prélude

Warum, auf einmal, seh ich die gerahmte
Park-Quelle unterm Ulmen-Dach?
Das Wasser in dem alten Rande ahmte
dem Hintergrund in Bildnissen nach.

Es zog mich hin. Sah ich vielleicht davor
die Möglichkeit des sanftesten Ovals?
War es die Hoffnung eines Kaschmirshawls,
die ich ans Blätterspiegelbild verlor?

Wer weiß es jetzt, da Jugend nicht mehr täuscht?
Wieviele Griffe in das Leere
hat reines Wasser wunderbar verkeuscht
und glänzt noch jetzt herauf, daß es den Traum
vermehre.

I

Nichts blieb so schön. Ich war damals zu klein.
Ein Nachmittag. Sie wollten plötzlich tanzen
und rollten rasch den alten Teppich ein.
(Was für ein Schimmer liegt noch auf dem Ganzen.)

Sie tanzte dann. Man sah nur sie allein.
Und manchesmal verlor man sie sogar,
weil ihr Geruch die Welt geworden war,
in der man unterging. Ich war zu klein.

Wann aber war ich jemals groß genug,
um solchen Duftes Herr zu sein?
Um aus dem unbeschreiblichen Bezug
herauszufallen wie ein Stein? –

Nein, dies blieb schön! Ihr blumiger Geruch
in diesem Gartensaal an jenem Tag.
Wie ist er heil. Nie kam ein Widerspruch.
Wie ist er mein. Unendlicher Ertrag.

Dies ist Besitz: daß uns vorüberflog
die Möglichkeit des Glücks. Nein, nicht einmal.
Un-Möglichkeit sogar; nur ein Vermuten,
daß dieser Sommer, dieser Gartensaal, –
daß die Musik hinklingender Minuten
unschuldig war, da sie uns rein betrog.

Du, schon Erwachsene, wie denk ich dein.
Nicht mehr wie einst, als ein bestürztes Kind,
nun, beinah wie ein Gott, in seiner Freude.
Wenn solche Stunden unvergänglich sind,
was dürfte dann das Leben für Gebäude
in uns errichten aus Geruch und Schein.

*

Alles ist mir lieb, die Sommersprossen
und die Spange, die den Ärmel schloß;
oh wie unerhört und unverflossen
blieb die Süßigkeit, drin nichts verdroß.

Taumelnd stand ich, in mir hingerissen
von des eignen Herzens Überfluß,
in den kleinen Fingern, halbzerbissen,
eine Blüte des Konvolvulus. –

Oh wie will das Leben übersteigern,
was es damals, schon erblüht, beging,
als es von dem eigenen Verweigern
wie von Gartenmauern niederhing.

Nein, ich vergesse dich nicht,
was ich auch werde,
liebliches zeitiges Licht,
Erstling der Erde.

Alles, was du versprachst,
hat sie gehalten,
seit du das Herz mir erbrachst
ohne Gewalten.

Flüchtigste frühste Figur,
die ich gewahrte:
nur weil ich Stärke erfuhr,
rühm ich das Zarte.

*

Daß ich die Früchte beschrieb,
kams vielleicht durch dein Bücken
zum Erdbeerbeet;
und wenn keine Blume in mir vergeht,
ist es vielleicht, weil Freude dich trieb,
eine zu pflücken?

Ich weiß, wie du liefst,
und plötzlich, du Atemlose,
warst du wartend mir zugewandt.
Ich saß bei dir, da du schliefst;
deine linke Hand
lag wie eine Rose.

Entging ich je deinem frühen Bereich?
Bist du mir nicht auf allen Wegen
noch immer voraus und überlegen;
wann werden wir gleich?

Du warst so recht, daß nicht einmal die Mode
an deinem Kleide mich beirrt.
Wie mir dein Flüchten gehört . . . . . Wird
es hinschwinden in meinem Tode?

Oder werf ich in die Natur,
als meines Untergangs Widerlegung
deinen Einfluß zurück? die lange Erregung
auf deiner Spur?

*

Auch dies ist möglich: zu sagen: Nein.
Und stolz bei den Knaben zu bleiben;
statt eines Mädchens Widerschein
in sich zu übertreiben.

Sind die Jünglinge später vergleichbar
einer so sanften Gewalt?
Ach, auch der Freund bleibt im Hinterhalt,
rein unerreichbar.

Übe dich schweigend am Zarten und Harten.
Manche, die dir leise begegnen,
werden dich segnen, wider Erwarten.
Werden dich segnen.

II

Wie geschah es? Es gelang zu lieben,
da noch in der Schule nichts gelang!
Das Unendliche bleibt unbeschrieben
zwischen Auf- und Niedergang.

Heimlich hat es sich in *dem* vollzogen,
dessen Mund nicht mündig war;
doch das Herz beging den großen Bogen
um das namenlose Liebesjahr.

Was war Mahlzeit, Schule, Ballspiel, Strafe,
was war Wachen, was war Schlaf?
da in jäh geordneter Oktave
aller Zukunft Klang zusammentraf.

*

Oh so war es damals schon genossen,
und das Herz nahm überhand, –
während noch das Leben unentschlossen
um die Knabenspiele stand.

Damals ward ihm Übermaß gegeben,
damals schon entschied sich sein Gewinn;
ihn zu messen, später, war das Leben, –
ihn zu fassen, reichte hin.

Denn der Gott, der Partnerin verschwiegen,
fühlte sich in diesem Kinde ganz,

da er in des Knaben Unterliegen
gründete das Überstehn des Manns.

IRRLICHTER

Wir haben einen alten Verkehr
mit den Lichtern im Moor.
Sie kommen mir wie Großtanten vor . . .
Ich entdecke mehr und mehr

zwischen ihnen und mir den Familienzug,
den keine Gewalt unterdrückt:
diesen Schwung, diesen Sprung, diesen Ruck,
diesen Bug,
der den andern nicht glückt.

Auch ich bin dort, wo die Wege nicht gehn,
im Schwaden, den mancher mied,
und ich habe mich oft verlöschen sehn
unter dem Augenlid.

Muzot, Mitte Februar 1924

Da dich das geflügelte Entzücken
über manchen frühen Abgrund trug,
baue jetzt der unerhörten Brücken
kühn berechenbaren Bug.

Wunder ist nicht nur im unerklärten
Überstehen der Gefahr;

erst in einer klaren reingewährten
Leistung wird das Wunder wunderbar

Mitzuwirken ist nicht Überhebung
an dem unbeschreiblichen Bezug,
immer inniger wird die Verwebung,
nur Getragensein ist nicht genug.

Deine ausgeübten Kräfte spanne,
bis sie reichen, zwischen zwein
Widersprüchen ... Denn im Manne
will der Gott beraten sein.

Muzot, Mitte Februar 1924

EROS

Masken! Masken! Daß man Eros blende.
Wer erträgt sein strahlendes Gesicht,
wenn er wie die Sommersonnenwende
frühlingliches Vorspiel unterbricht.

Wie es unversehens im Geplauder
anders wird und ernsthaft ... Etwas schrie ...
Und er wirft den namenlosen Schauder
wie ein Tempelinnres über sie.

Oh verloren, plötzlich, oh verloren!
Göttliche umarmen schnell.
Leben wand sich, Schicksal ward geboren.
Und im Innern weint ein Quell.

Muzot, Mitte Februar 1924

FÜR WITOLD HULEWICZ

Glücklich, die wissen, daß hinter allen
Sprachen das Unsägliche steht;
daß, von dort her, ins Wohlgefallen
Größe zu uns übergeht!

Unabhängig von diesen Brücken
die wir mit Verschiedenem baun:
so daß wir immer, aus jedem Entzücken
in ein heiter Gemeinsames schaun.

Muzot, 15. Februar 1924

VORFRÜHLING

Härte schwand. Auf einmal legt sich Schonung
an der Wiesen aufgedecktes Grau.
Kleine Wasser ändern die Betonung.
Zärtlichkeiten, ungenau,

greifen nach der Erde aus dem Raum.
Wege gehen weit ins Land und zeigens.
Unvermutet siehst du seines Steigens
Ausdruck in dem leeren Baum.

Muzot, gegen den 20. Februar 1924

VERGÄNGLICHKEIT

Flugsand der Stunden. Leise fortwährende
Schwindung
auch noch des glücklich gesegneten Baus.
Leben weht immer. Schon ragen ohne Verbindung
die nicht mehr tragenden Säulen heraus.

Aber Verfall: ist er trauriger, als der Fontäne
Rückkehr zum Spiegel, den sie mit Schimmer
bestaubt?
Halten wir uns dem Wandel zwischen die Zähne,
daß er uns völlig begreift in sein schauendes Haupt.

Muzot, gegen Ende Februar 1924

Ach, wie ihr heimlich vergeht!
Wer hat es verstanden,
daß ihr den Nachen gedreht
ohne zu landen?

Keiner erfaßt es. Wo singt
rühmend ein Mund?
Alles vertauscht und ertrinkt,
drängt sich am Grund.

Drüberhin treibt uns der Schwung,
wie das Gefäll ihn leiht . . .
Nichtmal zur Spiegelung
bleibt uns Zeit.

Muzot, Ende Februar 1924

Schon kehrt der Saft aus jener Allgemeinheit,
die dunkel in den Wurzeln sich erneut,
zurück ans Licht und speist die grüne Reinheit,
die unter Rinden noch die Winde scheut.

Die Innenseite der Natur belebt sich,
verheimlichend ein neues Freuet-Euch;
und eines ganzen Jahres Jugend hebt sich,
unkenntlich noch, ins starrende Gesträuch.

Des alten Nußbaums rühmliche Gestaltung
füllt sich mit Zukunft, außen grau und kühl;
doch junges Buschwerk zittert vor Verhaltung
unter der kleinen Vögel Vorgefühl.

Muzot, Anfang März 1924

SPAZIERGANG

Schon ist mein Blick am Hügel, dem besonnten,
dem Wege, den ich kaum begann, voran.
So faßt uns das, was wir nicht fassen konnten,
voller Erscheinung, aus der Ferne an –

und wandelt uns, auch wenn wirs nicht erreichen,
in jenes, das wir, kaum es ahnend, sind;
ein Zeichen weht, erwidernd unserm Zeichen . . .
Wir aber spüren nur den Gegenwind.

Muzot, Anfang März 1924

Götter schreiten vielleicht   immer im gleichen
Gewähren,
wo unser Himmel beginnt;
wie in Gedanken erreicht   unsere schwereren Ähren,
sanft sie wendend, ihr Wind.

Wer sie zu fühlen vergaß,   leistet nicht ganz die
Verzichtung:
dennoch haben sie teil.
Schweigsam, einfach und heil   legt sich an seine
Errichtung
plötzlich ihr anderes Maß.

Muzot, Ende März 1924

ZUM GEDÄCHTNIS AN GÖTZ VON SECKENDORF UND BERNHARD VON DER MARWITZ/ GESCHRIEBEN FÜR JOACHIM VON WINTERFELDT

Unangemessen traf der Wink des Geistes
das Herz, das unwillkürlich widerstand.
Aber der starke Geist befahl: du weißt es!
und überwältigte die frühe Hand.

O das Gehorchen derer, die nicht lange
verweilen unter uns, wie ist es rein.
Sie leihen sich von ihrem Untergange
die kühne Mühe, sich voraus zu sein.

Nun neige sich Geliebte oder Schwester
über das Grab, wenn es dem Schnee entbräunt,
und fasse, im Gefühl des Frühlings, fester

den, den es deckt. Doch keiner wie der Freund
begreift zugleich die tiefe Überlebung.
Und seine Trauer schenkt ihn der Erhebung.

Muzot, 4. April 1924

Quellen, sie münden herauf,
beinah zu eilig.
Was treibt aus Gründen herauf,
heiter und heilig?

Läßt dort im Edelstein
Glanz sich bereiten,
um uns am Wiesenrain
schlicht zu begleiten.

Wir, was erwidern wir
solcher Gebärde?
Ach, wie zergliedern wir
Wasser und Erde!

Muzot, Frühling 1924

Wasser berauschen das Land.
Ein atemlos trinkender Frühling
taumelt geblendet ins Grün

und stößt seiner Trunkenheit Atem
aus den Munden der Blust.

Tagsüber üben die Nachtigalln
ihres Fühlens Entzückung
und ihre Übermacht
über den nüchternen Stern.

Muzot, Anfang Mai 1924

FÜR FRAU GERTRUD VON MUMM

Wer begreift, warum ihn, auserlesen,
ein Geschick, das einst verging, bewegt?
Längst war es verstummt; doch seinem Wesen
scheint es plötzlich dringend eingelegt:

dies Vergangne, das ihn kaum betrifft.
Unvermutet wird er sein Vermuter –,
und Verschollnes stürzt sich ausgeruhter
in ein Dasein oder in den Stift.

Muzot, im Mai 1924

FRÜHLING

für Katharina Kippenberg

Nicht so sehr der neue Schimmer tats,
daß wir meinen, Frühling mitzuwissen,
als ein Spiel von sanften Schattenrissen
auf der Klärung eines Gartenpfads.

Schatten eignet uns den Garten an.
Blätterschatten lindert unsern Schrecken,
wenn wir in der Wandlung, die begann,
uns schon vorverwandelter entdecken.

Muzot, 2. Mai 1924

FÜR FRAU LISA HEISE

Die Blume sein, die sich vom steten Stoße
des arglos raschen Bachs erschüttert fühlt,
der sie nicht meint, wenn seine übergroße
zerstreute Eile an ihr wühlt . . .

Nicht anders, ach, ist unser Hingestelltsein
an der Gefühle stürzendes Gebraus;
meinen sie *uns* denn? . . . Doch das In-der-Welt-sein
gleicht diesen Überfluß an Zufall aus.

Muzot, 7. Mai 1924

Schon bricht das Glück, verhalten viel zu lang,
höher hervor und überfüllt die Wiese;
der Sommer fühlt schon, der sich streckt, der Riese,
im alten Nußbaum seiner Jugend Drang.

Die leichten Blüten waren bald verstreut,
das ernstre Grün tritt handelnd in die Bäume,
und, rund um sie, wie wölbten sich die Räume,
und wieviel morgen war von heut zu heut.

Muzot, Mitte Mai 1924

Noch fast gleichgültig ist dieses Mit-dir-sein . . .
Doch über ein Jahr schon, Erwachsenere, kann es
vielleicht dem Einen,
der dich gewahrt, unendlich bedeuten:
Mit dir sein!

Ist Zeit nichts? Auf einmal kommt doch durch sie
dein Wunder. Daß diese Arme,
gestern dir selber fast lästig, einem,
den du nicht kennst, plötzlich Heimat
versprechen, die er nicht kannte. Heimat und Zukunft.

Daß er zu ihnen, wie nach Sankt-Jago di Compostella,
den härtesten Weg gehen will, lange,
alles verlassend. Daß ihn die Richtung
zu dir ergreift. Allein schon die Richtung
scheint ihm das Meiste. Er wagt kaum,
jemals ein Herz zu enthalten, das ankommt.

Gewölbter auf einmal, verdrängt deine heitere Brust
ein wenig mehr Mailuft: dies wird sein Atem sein,
dieses Verdrängte, das nach dir duftet.

Muzot, Anfang Juni 1924

An der sonngewohnten Straße, in dem
hohlen halben Baumstamm, der seit lange
Trog ward, eine Oberfläche Wasser
in sich leis erneuernd, still' ich meinen
Durst: des Wassers Heiterkeit und Herkunft
in mich nehmend durch die Handgelenke.

Trinken schiene mir zu viel, zu deutlich;
aber diese wartende Gebärde
holt mir helles Wasser ins Bewußtsein.

Also, kämst du, braucht ich, mich zu stillen,
nur ein leichtes Anruhn meiner Hände,
sei's an deiner Schulter junge Rundung,
sei es an den Andrang deiner Brüste.

Muzot, Anfang Juni 1924

Mädchen ordnen dem lockigen
Gott seinen Rebenhang;
Ziegen stocken, die bockigen,
Weinbergmauern entlang.

Amsel formt ihren Lock-Ruf rund,
daß er rollt in den Raum;
Glück der Wiesen wird Hintergrund
für den glücklichen Baum.

Wasser verbinden, was abgetrennt
drängt ins verständigte Sein,
mischen in alles ein Element
flüssigen Himmels hinein.

Muzot, Anfang Juni 1924

Weißt du noch: fallende Sterne, die
quer wie Pferde durch die Himmel sprangen
über plötzlich hingehaltne Stangen
unsrer Wünsche – hatten wir so viele? –
denn es sprangen Sterne, ungezählt;
fast ein jeder Aufblick war vermählt
mit dem raschen Wagnis ihrer Spiele,
und das Herz empfand sich als ein Ganzes
unter diesen Trümmern ihres Glanzes
und war heil, als überstünd es sie!

Muzot, 1. Juni 1924

WILDER ROSENBUSCH

Wie steht er da vor den Verdunkelungen
des Regenabends, jung und rein;
in seinen Ranken schenkend ausgeschwungen
und doch versunken in sein Rose-sein;

die flachen Blüten, da und dort schon offen,
jegliche ungewollt und ungepflegt:
so, von sich selbst unendlich übertroffen
und unbeschreiblich aus sich selbst erregt,

ruft er dem Wandrer, der in abendlicher
Nachdenklichkeit den Weg vorüberkommt:
Oh sieh mich stehn, sieh her, was bin ich sicher
und unbeschützt und habe was mir frommt.

Muzot, 1. Juni 1924

FÜR HELMUTH FREIHERRN LUCIUS VON STOEDTEN

Wie die Natur die Wesen überläßt
dem Wagnis ihrer dumpfen Lust und keins
besonders schützt in Scholle und Geäst:
so sind auch wir dem Urgrund unseres Seins
nicht weiter lieb; *er wagt uns.* Nur daß wir,
mehr noch als Pflanze oder Tier,
mit diesem Wagnis gehn; es wollen; manchmal auch
wagender sind (und nicht aus Eigennutz)
als selbst das Leben ist –, um einen Hauch
wagender . . . . Dies schafft uns, außerhalb von Schutz
ein Sichersein, dort wo die Schwerkraft wirkt
der reinen Kräfte; was uns schließlich birgt
ist unser Schutzlossein und daß wir's so
in's Offne wandten, da wir's drohen sahen,
um es, im weitsten Umkreis, irgendwo,
wo das Gesetz uns anrührt, zu bejahen.

Muzot, 4. Juni 1924

Heitres Geschenk von den kältern
Bergen
versucht in den Juni den Sprung;
blinkend in Bach und Behältern
drängt sich Erneuerung.

Überall unter verstaubten
Büschen
lebendiger Wasser Gang;

und wie sie selig behaupten,
Gehn sei Gesang.

Muzot, 16. Juni 1924

Durch den sich Vögel werfen, ist nicht der
vertraute Raum, der die Gestalt dir steigert.
(Im Freien, dorten, bist du dir verweigert
und schwindest weiter ohne Wiederkehr.)

Raum greift aus uns und übersetzt die Dinge:
daß dir das Dasein eines Baums gelinge,
wirf Innenraum um ihn, aus jenem Raum,
der in dir west. Umgieb ihn mit Verhaltung.
Er grenzt sich nicht. Erst in der Eingestaltung
in dein Verzichten wird er wirklich Baum.

Muzot, 16. Juni 1924

Welt war in dem Antlitz der Geliebten –,
aber plötzlich ist sie ausgegossen:
Welt ist draußen, Welt ist nicht zu fassen.

Warum trank ich nicht, da ich es aufhob,
aus dem vollen, dem geliebten Antlitz
Welt, die nah war, duftend meinem Munde?

Ach, ich trank. Wie trank ich unerschöpflich.
Doch auch ich war angefüllt mit zuviel
Welt, und trinkend ging ich selber über.

Ragaz, Mitte Juli 1924

IM KIRCHHOF ZU RAGAZ NIEDERGESCHRIEBENES:

I

Falter, über die Kirchhof-Mauer
herübergeworfen vom Wind,
trinkend aus den Blumen der Trauer,
die vielleicht unerschöpflicher sind . . .

Falter, der das geopferte Blühen,
das nachdenklicher geschieht,
in das unbedingte Bemühen
aller Gärten einbezieht.

II *Toten-Mahl*

Unsere Türen schließen sehr fest;
aber die waagrechte Tür,
selbst aus dichtem Porphyr,
läßt
ganz unmerklich zu uns
jene, die schon des Grunds
starke Verwandlung umfaßte:
schwankend und schweigenden Munds
kommen sie langsam zu Gaste . . .

Decke, Seele, den Tisch,
den sie, in Heimweh, umkreisen,
reiche ihnen die Speisen,

den verschwiegenen Fisch,
den sie berühren im Stehn . . .
Nichts wird von ihnen vermindert,
alles bleibt heil, doch das hindert
nicht, daß sie grader entgehn.
Sie sind auf Seiten dessen,
was uns vermehrt, unermessen,
brauchen nicht Nahrung und Wein;
doch, daß sie's tastend erkannten,
macht sie uns zu Verwandten, –
und die Speise wird rein
von der nötigen Tötung:
sie verlöschen die Rötung
alles tierischen Bluts.
Schaffen uns Künste der Küche
Lockung und Wohlgerüche,
ihre Reinigung tuts.

III

Kennst du das, daß durch das Laubwerk Scheine
fallen in den Schatten, und es weht . . .
: wie dann in des fremden Lichtes Reine,
kaum geschaukelt, blau und einzeln, eine
hohe Glockenblume steht:

Also bist du, bei den Toten, immer
in ein ausgespartes Licht gestellt,
langsam schwankend . . . Andre leiden
schlimmer.

Und in deinem unbenutzten Schimmer
spielt der Überfluß der Unterwelt.

IV

Wir könnten wissen. Leider, wir vermeidens;
verstießen lange, was uns nun verstößt.
Befangen in den Formen unsres Leidens,
begreifen wir nicht mehr, wenn Leid sich löst

und *draußen* ist: als blasser Tag um Schemen,
die selber nicht mehr leiden, sondern nur,
gleichmütig mit der schöpfenden Figur,
das Maß des herrenlosen Leidens nehmen.

V

Unstete Waage des Lebens
immer schwankend, wie selten
wagt ein geschicktes Gewicht
anzusagen die immerfort andre
Last gegenüber.

Drüben, die ruhige
Waage des Todes.
Raum auf den beiden
verschwisterten Schalen.

Gleichviel Raum. Und daneben,
ungebraucht,
alle Gewichte des Gleichmuts,
glänzen, geordnet.

VI

So leise wie der Druck von deiner Hand
zuweilen war im freudigsten Begegnen:
so, kaum beruhend, ist den sehr Entlegnen
der Druck der Luft und jeder Gegenstand.

Die Leiber, die aus der Entzweiung heilen,
sind stärker nicht berührend und berührt;
wie Wasser wird ein fließendes Verweilen
durch ihre Schatten durchgeführt.

VII *Das (nicht vorhandene) Kindergrab mit dem Ball*

I

Von diesen Kreuzen keins,
nicht Englein, hölzern und zinnern,
dürften an dich erinnern
als kleines Ein-mal-eins

des Tods, den du selber dir deutest:
sondern, es liege der Ball,

den du, zu werfen, dich freutest,
– einfacher Niederfall –

in einem goldenen Netz
über der tieferen Truhe.
Sein Bogen und, nun, seine Ruhe
befolgen dasselbe Gesetz.

2

Du warsts imstand und warfst ihn weit hinein
in die Natur; sie nahm ihn wie den ihren
und ließ getrost sein Etwas-wärmer-sein
in ihren sichern Räumen sich verlieren.

Dann kam er wieder, himmlisch abgekühlt:
wie hast du, ihm entgegen, froh beklommen,
das Übermaß in seinem Wiederkommen
mit allem Übermaß zugleich gefühlt.

3

Wir werfen dieses Ding, das uns gehört,
in das Gesetz aus unserm dichten Leben,
wo immer wieder Wurf und Sturz sich stört.

Da schwebt es hin und zieht in reinem Strich
die Sehnsucht aus, die wir ihm mitgegeben –,
sieht uns zurückgeblieben, wendet sich
und meint, im Fall, der zunimmt, uns zu heben.

VIII

Das Spiel, da man sich an die Bäume stellt,
um mit einander rasch den Platz zu tauschen:
wars nicht ein letztes Suchen und Belauschen
der einmal innerlich bewohnten Welt?

Sie sprangen fast wie aus den Bäumen vor:
erregte Mädchen in gekreuzter Helle . . .
Und wer im Wechseln seinen Platz verlor,
der war der Liebesgott und ohne Stelle.

Die Mitte, die nach allen Seiten schreckt,
die Wahl die zuckt, das Zücken aller Schritte –,
und wie von Göttlicherem angesteckt,
war jede innen beides: Baum und Mitte.

IX

Sterne, Schläfer und Geister
sind nicht verbunden genug;
nächtlich ordnet der Meister
ihren geplanten Bezug.

Über dem schlafenden Plane
zieht er die Linien aus,
wenn das bei Tage Getane
abstirbt im ängstlichen Haus.

Nur in die Liebenden reichen
seine Zeichen hinein,
weil sie, in Träumen voll Teichen,
Blume spiegeln und Stein.

Während Entwürfe ihm keimen,
wirft er, wie Vogelschwung,
Spiegelbild des Geheimen
durch den Glanz ihrer Spiegelung.

Zwischen Anfang Juli und Anfang August 1924

FÜR CHARLIE WUNDERLY

Daß uns das Verbundene verrate
seinen höchsten verschwiegenen Verein,
drängen wir uns in das delikate
Eheglück der Carbonate
und ins Kloster der Chloride ein.

Wenn sich dann das überrascht Getrennte
an uns ausgeliefert weiß,
geben die erschrocknen Elemente
ihr Geheimnis leichter preis.

Doch wir meinen das Verbundensein!
Und wir wollen, lieber Doktor, hoffen,
daß Sie heimlichen verliebten Stoffen,
die sich nie noch in der Welt getroffen,
der Begegnung Glück verleihn!

Zur Feier des Doktorats in Chemie, Meilen, 24. Juli 1924

MAGIE

Aus unbeschreiblicher Verwandlung stammen
solche Gebilde –: Fühl! und glaub!
Wir leidens oft: zu Asche werden Flammen;
doch, in der Kunst: zur Flamme wird der Staub.

Hier ist Magie. In das Bereich des Zaubers
scheint das gemeine Wort hinaufgestuft . . .
und ist doch wirklich wie der Ruf des Taubers,
der nach der unsichtbaren Taube ruft.

Muzot, Anfang August 1924

MUSIK

Wüßte ich für wen ich spiele, ach!
immer könnt ich rauschen wie der Bach.

Ahnte ich, ob tote Kinder gern
tönen hören meinen innern Stern;

ob die Mädchen, die vergangen sind,
lauschend wehn um mich im Abendwind.

Ob ich einem, welcher zornig war,
leise streife durch das Totenhaar . . .

Denn was wär Musik, wenn sie nicht ging
weit hinüber über jedes Ding.

Sie, gewiß, die weht, sie weiß es nicht,
wo uns die Verwandlung unterbricht.

Daß uns Freunde hören, ist wohl gut –,
aber sie sind nicht so ausgeruht

wie die Andern, die man nicht mehr sieht:
tiefer fühlen sie ein Lebens-Lied,

weil sie wehen unter dem, was weht,
und vergehen, wenn der Ton vergeht.

Muzot, 11. August 1924

NACHTHIMMEL UND STERNENFALL

Der Himmel, groß, voll herrlicher Verhaltung,
ein Vorrat Raum, ein Übermaß von Welt.
Und wir, zu ferne für die Angestaltung,
zu nahe für die Abkehr hingestellt.

Da fällt ein Stern! Und unser Wunsch an ihn,
bestürzten Aufblicks, dringend angeschlossen:
Was ist begonnen, und was ist verflossen?
Was ist verschuldet? Und was ist verziehn?

Muzot, 11./12. August 1924

FÜR HERMANN HALLER

Unser ist das Wunder vom geballten
Wasser, das der Magier vollbracht.
Welche Freude, welche Macht,
Leben, das dahinstürzt, aufzuhalten!

Aber freilich: als bemühte Über
sind wir doch nicht Herren der Gewalten;
denn nun reißen sie uns dort hinüber,
und wir stürzen still in die Gestalten.

Muzot, 12. August 1924

Nicht um-stoßen, was steht!
Aber das Stehende stehender,
aber das Wehende wehender
zuzugeben, – gedreht

zu der Mitte des Schauenden,
der es im Schauen preist,
daß es sich am Vertrauenden
jener Schwere entreißt,

drin die Dinge, verlorener
und gebundener, fliehn –,
bis sie, durch uns, geborener,
sich in die Spannung beziehn.

Muzot, Mitte August 1924

Da schwang die Schaukel durch den Schmerz –,
doch siehe,
der Schatten wars des Baums, an dem sie hängt.

Ob ich nun vorwärtsschwinge oder fliehe,
vom Schwunge in den Gegenschwung gedrängt,
das alles ist noch nicht einmal der Baum.
Mag ich nun steiler schwingen oder schräger,
ich fühle nur die Schaukel; meinen Träger
gewahr ich kaum.

So laß uns herrlich einen Baum vermuten,
der sich aus Riesenwurzeln aufwärtsstammt,
durch den unendlich Wind und Vögel fluten
und unter dem, im reinen Hirtenamt,
die Hirten sannen und die Herden ruhten.
Und daß durch ihn die starken Sterne blitzen,
macht ihn zur Maske einer ganzen Nacht.
Wer reicht aus ihm bis zu den Göttersitzen,
da uns sein Wesen schon nachdenklich macht?

1923/1924

VALANGIN

Die vier Kissen der vier Klöpplerinnen
waren kreuzweis dicht herangeschoben
an die kleine Stufe mit den Globen;
hinter den vier Wasserkugeln, innen,
stand das Licht.

Licht, für immer nun dahingeschienen . . .
Sah es manchmal einer von den Knaben,
wie es sie verklärte? – Mag es ihnen
jenes Händewerk entwirklicht haben
und das zugeneigte Angesicht.

Wer da eintrat, meinte er nicht, unter
lauter nicht mehr Wirklichen zu sein?
Draußen war sogar das Dunkel bunter, –
hier war nichts als Schein und Widerschein
von dem reinen Unterwasser-Licht.

Ach, wie ging er in die Spitzen über,
dieser Schimmer, der sich einbezog.
Wenn sich eins der Mädchen vorwärtsbog,
war er manchmal so bewegt, als hüb er
selbst ein namenloses Angesicht.

Wie der Wasserball sein Licht empfing
und es unbeschreiblich so verteilte,
daß man nicht mehr wußte, ob es weilte
oder abschiednehmender verging –,
dieses beinah innerliche Licht.

Fast wie Licht in einem lichten Leben,
fast wie schon vom Glück verbrauchtes Licht,
so verschenkt, so sinnlos hingegeben
und so nah schon wieder am Verzicht:
Licht für Spitzen. Klöppellicht.

Muzot, um den 20. August 1924

FÜR FRÄULEIN EVA SCHREIER

Es muß wohl sein, daß jugendlicher Schwung
zur Jugend spricht. Da ich in einer Nacht
(wie lang ists her!), vom Nachtwind angefacht,
aufglühte *so*, daß dieses Lied von Schlacht
und Lust und Mut und Untergang
aus meinem Blut in seine Gußform sprang –:
was war ich jung!
Und nun seid ihrs. Oh seids, oh seids!
Ohne Bedenken, ohne Geiz.

Ich bin es *noch*. Und bin sogar noch Kind.
Fühlende *bleiben*, was sie fühlend *sind*.

Muzot, 18. September 1924

GARTEN-NACHT

Nebelnd schweben durch den Rosenbogen,
den man für die Lebenden gebeugt,
jene, die, nicht völlig überzeugt,
aus dem nahen Tod herüberwogen . . .

Sie, die diese Erde tief besitzen,
grüßen ihre Oberfläche kühl, –
hoffen, an dem Dörnicht sich zu ritzen
mit vergessnem Schmerzgefühl.

Eine tastet an dem Rebengange
nach dem überraschten Blatt . . .

Blatt versagt . . . nun sucht sie mit der Wange . . .
Aber Nachtwind will an wangesstatt . . .

Muzot, Ende September 1924

AUS DEM UMKREIS: NÄCHTE

Gestirne der Nacht, die ich erwachter gewahre,
überspannen sie nur das heutige, meine Gesicht,
oder zugleich das ganze Gesicht meiner Jahre,
diese Brücken, die ruhen auf Pfeilern von Licht?

Wer will dort wandeln? Für wen bin ich Abgrund
und Bachbett,
daß er mich so im weitesten Kreis übergeht –,
mich überspringt und mich nimmt wie den Läufer
im Schachbrett
und auf seinem Siege besteht?

Muzot, Ende September 1924

HANDINNERES

Innres der Hand. Sohle, die nicht mehr geht
als auf Gefühl. Die sich nach oben hält
und im Spiegel
himmlische Straßen empfängt, die selber
wandelnden.
Die gelernt hat, auf Wasser zu gehn,
wenn sie schöpft,
die auf den Brunnen geht,

aller Wege Verwandlerin.
Die auftritt in anderen Händen,
die ihresgleichen
zur Landschaft macht:
wandert und ankommt in ihnen,
sie anfüllt mit Ankunft.

Muzot, um den 1. Oktober 1924

AUS DEM UMKREIS: NÄCHTE

Nacht. Oh du in Tiefe gelöstes
Gesicht an meinem Gesicht.
Du, meines staunenden Anschauns größtes
Übergewicht.

Nacht, in meinem Blicke erschauernd,
aber in sich so fest;
unerschöpfliche Schöpfung, dauernd
über dem Erdenrest;

voll von jungen Gestirnen, die Feuer
aus der Flucht ihres Saums
schleudern ins lautlose Abenteuer
des Zwischenraums:

wie, durch dein bloßes Dasein, erschein ich,
Übertrefferin, klein –;
doch, mit der dunkelen Erde einig,
wag ich es, in dir zu sein.

Muzot, 2. und 3. Oktober 1924

SCHWERKRAFT

Mitte, wie du aus allen
dich ziehst, auch noch aus Fliegenden dich
wiedergewinnst, Mitte, du Stärkste.

Stehender: wie ein Trank den Durst
durchstürzt ihn die Schwerkraft.

Doch aus dem Schlafenden fällt,
wie aus lagernder Wolke,
reichlicher Regen der Schwere.

Muzot, 5. Oktober 1924

FÜR FRÄULEIN MARGA WERTHEIMER

Was unser Geist der Wirrnis abgewinnt,
kommt irgendwann Lebendigem zugute;
wenn es auch manchmal nur Gedanken sind,
sie lösen sich in jenem großen Blute,
das weiterrinnt . . . .

Und ists Gefühl: wer weiß, wie weit es reicht
und was es in dem reinen Raum ergiebt,
in dem ein kleines Mehr von schwer und leicht
Welten bewegt und einen Stern verschiebt.

Muzot, 5. Oktober 1924

Gieb mir, oh Erde, den reinen
Thon für den Tränenkrug;
mein Wesen, ergieße das Weinen
das sich in dir verschlug.

Daß sich Verhaltenes löse
in das gefügte Gefäß.
Nur das Nirgends ist böse,
alles Sein ist gemäß.

Muzot, 30. Oktober 1924

HERBST

Oh hoher Baum des Schauns, der sich entlaubt:
nun heißts gewachsen sein dem Übermaße
von Himmel, das durch seine Äste bricht.
Erfüllt vom Sommer, schien er tief und dicht,
uns beinah denkend, ein vertrautes Haupt.
Nun wird sein ganzes Innere zur Straße
des Himmels. Und der Himmel kennt uns nicht.

Ein Äußerstes: daß wir wie Vogelflug
uns werfen durch das neue Aufgetane,
das uns verleugnet mit dem Recht des Raums,
der nur mit Welten umgeht. Unsres Saums
Wellen-Gefühle suchen nach Bezug
und trösten sich im Offenen als Fahne –

....

Aber ein Heimweh meint das Haupt des Baums.

Muzot, Spätherbst 1924

DREI GEDICHTE AUS DEM UMKREIS: SPIEGELUNGEN

I

O schöner Glanz des scheuen Spiegelbilds!
Wie darf es glänzen, weil es nirgends dauert.
Der Frauen Dürsten nach sich selber stillts.
Wie ist die Welt mit Spiegeln zugemauert

für sie. Wir fallen in der Spiegel Glanz
wie in geheimen Abfluß unseres Wesens;
sie aber finden ihres dort: sie lesens.
Sie müssen doppelt sein, dann sind sie ganz.

Oh, tritt, Geliebte, vor das klare Glas,
auf daß du seist. Daß zwischen dir und dir
die Spannung sich erneue und das Maß
für das, was unaussprechlich ist in ihr.

Gesteigert um dein Bild: wie bist du reich.
Dein Ja zu dir bejaht dir Haar und Wange;
und überfüllt von solchem Selbstempfange,
taumelt dein Blick und dunkelt im Vergleich.

II

Immer wieder aus dem Spiegelglase
holst du dich dir neu hinzu;
ordnest in dir, wie in einer Vase,
deine Bilder. Nennst es *du*,

dieses Aufblühn deiner Spiegelungen,
die du eine Weile leicht bedenkst,
eh du sie, von ihrem Glück bezwungen,
deinem Leibe wiederschenkst.

III

Ach, an ihr und ihrem Spiegelbilde,
das, wie Schmuck im schonenden Etui,
in ihr dauert, abgelegt ins Milde, –
ruht der Liebende; abwechselnd sie

fühlend und ihr inneres Geschmeid . . .
Er: kein eignes Bild in sich verschließend;
aus dem tiefen Innern überfließend
von gewußter Welt und Einsamkeit.

Muzot, Anfang November 1924

. . . Wenn aus des Kaufmanns Hand
die Waage übergeht
an jenen Engel, der sie in den Himmeln
stillt und beschwichtigt mit des Raumes
Ausgleich . . .

Val-Mont, Ende November 1924

FÜR THANKMAR FREIHERRN VON MÜNCHHAUSEN

... Antwort zu geben jedem, dem geringsten
Anruf des Lebens, das sich zu dir kehrt:
oh Gunst, oh Geist, oh unaufhörlich Pfingsten!
Und jeder Gegen-Wert erweckt dir Wert.

Paris, Mitte Februar 1925

Ô LACRIMOSA

(Trilogie, zu einer künftigen Musik von Ernst Křenek)

I

Oh Tränenvolle, die, verhaltner Himmel,
über der Landschaft ihres Schmerzes schwer wird.
Und wenn sie weint, so weht ein weicher Schauer
schräglichen Regens an des Herzens Sandschicht.

Oh Tränenschwere. Waage aller Tränen!
Die sich nicht Himmel fühlte, da sie klar war,
und Himmel sein muß um der Wolken willen.

Wie wird es deutlich und wie nah, dein Schmerzland,
unter des strengen Himmels Einheit. Wie ein
in seinem Liegen langsam waches Antlitz,
das waagrecht denkt, Welttiefe gegenüber.

II

Nichts als ein Atemzug ist das Leere, und jenes
grüne Gefülltsein der schönen
Bäume: ein Atemzug!
Wir, die Angeatmeten noch,
heute noch Angeatmeten, zählen
diese, der Erde, langsame Atmung,
deren Eile wir sind.

III

Aber die Winter! Oh diese heimliche
Einkehr der Erde. Da um die Toten
in dem reinen Rückfall der Säfte
Kühnheit sich sammelt,
künftiger Frühlinge Kühnheit.
Wo das Erdenken geschieht
unter der Starre; wo das von den großen
Sommern abgetragene Grün
wieder zum neuen
Einfall wird und zum Spiegel des Vorgefühls;
wo die Farbe der Blumen
jenes Verweilen unserer Augen vergißt.

Paris, Mai/Juni 1925

Ach, nicht getrennt sein,
nicht durch so wenig Wandung
ausgeschlossen vom Sternen-Maß.
Innres, was ists?

Wenn nicht gesteigerter Himmel,
durchworfen mit Vögeln und tief
von Winden der Heimkehr.

Paris, Sommer 1925

Unaufhaltsam, ich will die Bahn vollenden,
mich schreckt es, wenn mich ein Sterbliches hält.
Einmal hielt mich ein Schooß.
Ihm sich entringen, war tödlich:
Ich rang mich ins Leben. Aber sind Arme so tief,
sind sie so fruchtbar, um ihnen
durch die beginnliche Not
neuer Geburt zu entgehn?

Paris, Sommer 1925

Jetzt wär es Zeit, daß Götter träten aus
bewohnten Dingen . . .
Und daß sie jede Wand in meinem Haus
umschlügen. Neue Seite. Nur der Wind,
den solches Blatt im Wenden würfe, reichte hin,
die Luft, wie eine Scholle, umzuschaufeln:
ein neues Atemfeld. Oh Götter, Götter!
Ihr Oftgekommnen, Schläfer in den Dingen,
die heiter aufstehn, die sich an den Brunnen,
die wir vermuten, Hals und Antlitz waschen
und die ihr Ausgeruhtsein leicht hinzutun
zu dem, was voll scheint, unserm vollen Leben.
Noch einmal sei es euer Morgen, Götter.
Wir wiederholen. Ihr allein seid Ursprung.

Die Welt steht auf mit euch, und Anfang glänzt
an allen Bruchstelln unseres Mißlingens . . .

Muzot, Mitte Oktober 1925

Rose, oh reiner Widerspruch, Lust,
Niemandes Schlaf zu sein unter soviel
Lidern.

Im Testament vom 27. Oktober 1925

IDOL

Gott oder Göttin des Katzenschlafs,
kostende Gottheit, die in dem dunkeln
Mund reife Augen-Beeren zerdrückt,
süßgewordnen Schauns Traubensaft,
ewiges Licht in der Krypta des Gaumens.
Schlaf-Lied nicht, – Gong! Gong!
Was die anderen Götter beschwört,
entläßt diesen verlisteten Gott
an seine einwärts fallende Macht.

Muzot, November 1925

GONG

Nicht mehr für Ohren . . .: Klang,
der, wie ein tieferes Ohr,
uns, scheinbar Hörende, hört.
Umkehr der Räume. Entwurf

innerer Welten im Frein . . .,
Tempel vor ihrer Geburt,
Lösung, gesättigt mir schwer
löslichen Göttern . . .: Gong!

Summe des Schweigenden, das
sich zu sich selber bekennt,
brausende Einkehr in sich
dessen, das an sich verstummt,
Dauer, aus Ablauf gepreßt,
um-gegossener Stern . . .: Gong!

Du, die man niemals vergißt,
die sich gebar im Verlust,
nichtmehr begriffenes Fest,
Wein an unsichtbarem Mund,
Sturm in der Säule, die trägt,
Wanderers Sturz in den Weg,
unser, an Alles, Verrat . . .: Gong!

Muzot, November 1925

FÜR FRAU JOHANNA VON KUNESCH

Die Jahre gehn . . . Und doch ist's wie im Zug:
Wir gehn vor allem und die Jahre bleiben
wie Landschaft hinter dieser Reise Scheiben,
die Sonne klärte oder Frost beschlug.

Wie sich Geschehenes im Raum verfügt:
Eines ward Wiese, eins ward Baum, eins ging

den Himmel bilden helfen ... Schmetterling
und Blume sind vorhanden, keines lügt;

Verwandlung ist nicht Lüge ....

Muzot, 10. Dezember 1925

MUSIK

Für Herrn Lorenz Lehr

Die, welche schläft .... Um bei dem reinen Wecken
so wach zu sein, daß wir zu Schläfern werden
von ihrem Wachsein überholt .... Oh Schrecken!
Schlag an die Erde: sie klingt stumpf und erden,
gedämpft und eingehüllt von unsern Zwecken.
Schlag an den Stern: er wird sich dir entdecken!

Schlag an den Stern: die unsichtbaren Zahlen
erfüllen sich; Vermögen der Atome
vermehren sich im Raume. Töne strahlen.
Und was hier Ohr ist ihrem vollen Strome,
ist irgendwo auch Auge: diese Dome
wölben sich irgendwo im Idealen.

Irgendwo *steht* Musik, wie irgendwo
dies Licht in Ohren fällt als fernes Klingen ....
Für unsre Sinne einzig scheint das so
getrennt ... Und zwischen dem und jenem Schwingen
schwingt namenlos der Überfluß .... Was floh
in Früchte? Giebt im Kreis des Schmeckens

uns seinen Wert? Was teilt ein Duft uns mit?
(Was wir auch tun, mit einem jeden Schritt
verwischen wir die Grenzen des Entdeckens.)

Musik: du Wasser unsres Brunnenbeckens,
Du Strahl der fällt, du Ton der spiegelt, du
selig Erwachte unterm Griff des Weckens,
du durch den Zufluß rein ergänzte Ruh,
Du mehr als wir . . ., von jeglichem Wozu
befreit . . . .

Muzot, 18. Dezember 1925

Wie sollte so ein Buch nicht bleiben wollen,
wo man es so, wie Sie getan, empfing.
Ein Meisterwerk? Nicht doch. Ein kleines Ding,
ein kleiner Becher, aus der übervollen
seligen Flut geschöpft. Und, ach, mein Teil:
des Bechers Spiegelbild. Gefüllt womit?
Mit Spiegelbildern jenes Namenlosen,
das die berühmte »Seilerin« erlitt.
Rosen in Spiegeln. Lyoneser Rosen
von fünfzehnhundertfünfzig! Jeder Schritt,
vom leicht getanzten bis zum schwer geschleppten,
hat er sich doch der Erde mitgeteilt?
Sie selbst vielleicht, nicht was in Versen weilt,
erweckt sich den empfänglichen Adepten,
der innig glaubt und gläubig wiederholt
den Liebes-Bruchteil und das Hundertfache –;
nun dient ihm, wie dem Goldschmied, diese wache
und rätselhafte Glut, die nicht verkohlt.

Val-Mont, gegen Mitte Februar 1926

EINE FOLGE ZUR »*ROSENSCHALE*«

Geschrieben für Mme. Riccard

Reich war von ihnen der Raum, imme voller
und sätter.
Rosen, verweilende: plötzlich streun sie sich aus.
Abends vielleicht. Der entschlossene Abfall der Blätter
klingt an den Rand des Kamins, wie ein leiser Applaus.

Geben sie Beifall der Zeit, die sie so zärtlich getötet?
Währten sie selbst sich genug, die uns zu frühe
entgehn?
Siehe, die rötesten sind bis ans Schwarze verrötet
und den bleicheren ist jegliche Blässe geschehn.

Nun: ihr Jenseits beginnt zwischen den Seiten
der Bücher;
unbezwinglicher Duft wohnt in der Lade, im Schrank,
drängt in ein Ding, das uns dient, schmiegt in
gefaltete Tücher
was uns aus Rosen ergriff und was in Rosen versank.

Val-Mont, 15. Februar 1926

FÜR VERONIKA ERDMANN

Daß solcher Auftrag *unser* Auftrag werde,
wieviel Gehorsam, wieviel Frohn.
Ach, zwischen unseren Zeilen singt die Erde
und reißt uns weiter vom Geräusch zum Ton.

Oder ist es der Widerstand, der besser
in uns den gültigen Vollzug erzieht;
Der Liebendste: ein Mörder ohne Messer?
Und das Bedrohteste des Lebens: Lied?

Val-Mont, 10. März 1926

SPIELE

Hier ist ein Spiel von Frag und Antwort, das,
alt wie es ist, uns nicht mehr kümmern sollte.
Ein kleiner Liebes-Würfel fiel und rollte
und zeigte eine Zahl . . . . Man wurde blaß

und warf ihn wieder und noch einmal aus . . .
Da fiel der kleine Würfel durch die Platte
des Tisches durch und fiel durchs ganze Haus
der Schwerkraft zu, die ihn gezogen hatte.

Daß wir dem Fallen etwas unterschieben,
macht seinen Niederfall erst leserlich.
Glaub an den Tisch, so zeigt der Würfel: SIEBEN.

Glaub an ihn selbst, weil ihn das Schicksal heiligt.
Nimm doppelt teil: denn er ist unbeteiligt,
und sagst du DU, so sagt er niemals ICH.

Val-Mont, Anfang März 1926

FÜR FRAU P. VERRIJN-STUART

Wer kann Amber schenken! Wem gehört er?
Unsichtbar und stärker als das Haus,
geht er leicht und wie ein ungestörter
Gott aus heimlichem Gehäuse aus.
Bleibt und schwindet, schwindet, bleibt und
schwindet.
Vielleicht ist er dem Gedicht verwandt,
welches, zitternd in des Lesers Hand,
unberührt von dem, was er empfand,
sich schon wieder in sich selber bindet.
Unsichtbares anregt und zurück
fällt in die Verteilung seiner Zeilen.
Unvermindert, heiter wie ein Heilen:
Glück in sich und kaum noch *unser* Glück.

Val-Mont, um den 1. Mai 1926

FÜR HERRN UND FRAU VERRIJN-STUART

Bruder Körper ist arm . . .: da heißt es, reich sein
für ihn.
Oft war *er* der Reiche: so sei ihm verziehn
das Armsein seiner argen Momente.
Wenn er dann tut, als ob er uns kaum noch kennte,
darf man ihn leise erinnern an alles Gemeinsame.

Freilich wir sind nicht Eines, sondern zwei Einsame:
unser Bewußtsein und Er;
aber wie vieles, das wir einander weither

verdanken,
wie Freunde es tun! Und man erfährt im Erkranken:
Freunde haben es schwer!

Val-Mont, 1. Mai 1926

Von nahendem Regen fast zärtlich
verdunkelter Garten,
Garten unter der zögernden Hand.
Als besännen sich, ernster, in den Beeten die Arten,
wie es geschah, daß sie ein Gärtner erfand.

Denn sie denken ja ihn; gemischt in die heitere Freiheit
bleibt sein bemühtes Gemüt, bleibt vielleicht sein
Verzicht.
Auch an ihnen zerrt, die uns so seltsam erzieht,
diese Zweiheit;
noch in dem Leichtesten wecken wir Gegengewicht.

Vevey, 22. Mai 1926

VOLLMACHT

Ach entzögen wir uns Zählern und Stundenschlägern.
Einen Morgen hinaus, heißes Jungsein mit Jägern,
Rufen im Hundegekläff.
Daß im durchdrängten Gebüsch Kühle uns fröhlich
besprühe,
und wir im Neuen und Frein – in den Lüften der Frühe
fühlten den graden Betreff!

Solches war uns bestimmt. Leichte beschwingte
Erscheinung.
Nicht, im starren Gelaß, nach einer Nacht voll
Verneinung,
ein verneinender Tag.
Diese sind ewig im Recht: dringend dem Leben
Genahte;
weil sie Lebendige sind, tritt das unendlich bejahte
Tier in den tödlichen Schlag.

Muzot, Anfang Juni 1926

ANKUNFT

In einer Rose steht dein Bett, Geliebte. Dich selber
(oh ich Schwimmer wider die Strömung des Dufts)
hab ich verloren. So wie dem Leben zuvor
diese (von außen nicht meßbar) dreimal drei Monate
sind,
so, nach innen geschlagen, werd ich erst *sein*.
Auf einmal,
zwei Jahrtausende vor jenem neuen Geschöpf,
das wir genießen, wenn die Berührung beginnt,
plötzlich: gegen dir über, werd ich im Auge geboren.

Muzot, Anfang Juni 1926

ELEGIE

an Marina Zwetajewa-Efron

O die Verluste ins All, Marina, die stürzenden Sterne!
Wir vermehren es nicht, wohin wir uns werfen, zu
welchem
Sterne hinzu! Im Garten ist immer schon alles gezählt.
So auch, wer fällt, vermindert die heilige Zahl nicht.
Jeder verzichtende Sturz stürzt in den Ursprung
und heilt.
Wäre denn alles ein Spiel, Wechsel des Gleichen,
Verschiebung,
nirgends ein Name und kaum irgendwo heimisch
Gewinn?
Wellen, Marina, wir Meer! Tiefen, Marina, wir Himmel.
Erde, Marina, wir Erde, wir tausendmal Frühling,
wie Lerchen,
die ein ausbrechendes Lied in die Unsichtbarkeit wirft.
Wir beginnens als Jubel, schon übertrifft es uns völlig;
plötzlich, unser Gewicht dreht zur Klage abwärts
den Sang.
Aber auch so: Klage? Wäre sie nicht: jüngerer Jubel
nach unten.
Auch die unteren Götter wollen gelobt sein, Marina.
So unschuldig sind Götter, sie warten auf Lob wie
die Schüler.
Loben, du Liebe, laß uns verschwenden mit Lob.
Nichts gehört uns. Wir legen ein wenig die Hand
um die Hälse
ungebrochener Blumen. Ich sah es am Nil in
Kôm-Ombo.

So, Marina, die Spende, selber verzichtend,
opfern die Könige.
Wie die Engel gehen und die Türen bezeichnen jener zu
Rettenden,
also rühren wir dieses und dies, scheinbar Zärtliche, an.
Ach wie weit schon Entrückte, ach, wie Zerstreute,
Marina,
auch noch beim innigsten Vorwand.
Zeichengeber, sonst nichts.
Dieses leise Geschäft, wo es der Unsrigen einer
nicht mehr erträgt und sich zum Zugriff entschließt,
rächt sich und tötet. Denn daß es tödliche Macht hat,
merkten wir alle an seiner Verhaltung und Zartheit
und an der seltsamen Kraft, die uns aus Lebenden zu
Überlebenden macht. Nicht-Sein. Weißt du's, wie oft
trug uns ein blinder Befehl durch den eisigen Vorraum
neuer Geburt .... Trug: *uns*? Einen Körper
aus Augen
unter zahllosen Lidern sich weigernd. Trug das in uns
niedergeworfene Herz eines ganzen Geschlechts.
An ein Zugvogelziel
trug er die Gruppe, das Bild unserer schwebenden
Wandlung.
Liebende dürften, Marina, dürfen soviel nicht
von dem Untergang wissen. Müssen wie neu sein.
Erst ihr Grab ist alt, erst ihr Grab besinnt sich,
verdunkelt
unter dem schluchzenden Baum, besinnt sich
auf Jeher.
Erst ihr Grab bricht ein; sie selber sind biegsam
wie Ruten;

was übermäßig sie biegt, ründet sie reichlich
zum Kranz.
Wie sie verwehen im Maiwind! Von der Mitte
des Immer,
drin du atmest und ahnst, schließt sie
der Augenblick aus.
(O wie begreif ich dich, weibliche Blüte am gleichen
unvergänglichen Strauch. Wie streu ich mich stark in
die Nachtluft,
die dich nächstens bestreift.) Frühe erlernten die Götter
Hälften zu heucheln. Wir in das Kreisen bezogen
füllten zum Ganzen uns an wie die Scheibe des Monds.
Auch in abnehmender Frist, auch in den Wochen
der Wendung
niemand verhülfe uns je wieder zum Vollsein, als der
einsame eigene Gang über der schlaflosen Landschaft.

Muzot, 9. Juni 1926

DIE WASSER VON RAGAZ

Welcher gelegene Ort: sich an den Quellen begegnen,
die eine irdische Kraft wärmt auf den nämlichen Grad
unseres eigenen Bluts. Kann man deutlicher segnen,
als es hier die Natur, die überströmende, tat?

Oft scheint sie feindlich und fremd, ganz
in sich selber beschäftigt,
läßt sie uns gleichsam geschehn zwischen Unruh
und Ruh;

doch wie ergänzt sie uns schön, wenn sie uns einmal
bekräftigt:
rein, aus der Tiefe hervor, stimmt sie
uns Zögernden zu.

Ragaz, Ende Juli 1926

DIE WEIDE VON SALENEGG

Einstens pflanzten sie die Wappen-Weide,
eine Frage an der Zukunft Heil.
Lebende und Tote, schien es, beide
nahmen an des Wachstums Hoffnung teil.

Sie gedieh. Der Erde Kraft bejahte
das dem Baum verbündete Geschlecht:
jedesmal wenn sich ein Frühling nahte,
gab der Himmel seinem Antrieb recht.

Wie nicht an des Baumes Überwinden,
wie nicht an des Stammes Überstehn
einen Glauben, eine Deutung binden?
Wenn wir ein Vertrautes dauern sehn,

dauern wir mit ihm; so wuchs der Baum.
Aus dem immer stärkern Stammgebäude
warf er jährlich seine grüne Freude
in den freudig zugestimmten Raum.

Aber Wachsen heißt auch Altern. Endlich
gab die greise Baumgestalt sich auf,

und mit Sorge sah man unabwendlich
den sich still erschöpfenden Verlauf.

Des vergreisten Stammes Rinde klaffte:
man gewahrte durch den dürren Riß
mehr und mehr die ganz unwesenhafte
saftverlassne leere Finsternis.

Unter Sturm und Überwintern immer
weiter offen stand die Höhle lang,
schließlich zog in dieses schwarze Zimmer
obdachlos ein fremder Untergang.

Nur durch einer letzten Wurzel Leitung,
(in dem Hohlraum hängend wie verjährt),
schien des heitern Laubes Zubereitung
noch für eine kleine Zeit gewährt.

Niemand achtete der welken Fäden,
selbst des Gärtners Sorgfalt täuschten sie;
denn wir leben näher an den Schäden,
als an eines Wunders Melodie.

Dies vollzog sich dennoch. Wunderbares
atmete im Armsein des Verfalls;
heimlich stieg die Stimme jedes Jahres
innen auf und stärkte diesen Hals.

Langsam markte er sich aus zum Stamme,
und nun steht die Wandung, die verfällt,

schützend da, wie man um eine Flamme,
welche kämpft, die hohlen Hände hält.

Envoi: Möge nun des starken Baumes Häutung
weithin für den Stammbaum gültig sein:
Mit dem Baum erneut sich die Bedeutung
und der heimlich wirkende Verein.

Ragaz, 6. August 1926

GESCHRIEBEN FÜR KARL GRAFEN LANCKOROŃSKI

»*Nicht Geist, nicht Inbrunst wollen wir entbehren*«:
eins durch das andre lebend zu vermehren,
sind wir bestimmt; und manche sind erwählt,
in diesem Streit ein Reinstes zu erreichen,
wach und geübt, erkennen sie die Zeichen,
die Hand ist leicht, das Werkzeug ist gestählt.

Das Leiseste darf ihnen nicht entgehen,
sie müssen jenen Ausschlagswinkel sehen,
zu dem der Zeiger sich kaum merklich rührt,
und müssen gleichsam mit den Augenlidern
des leichten Falters Flügelschlag erwidern,
und müssen spüren, was die Blume spürt.

Zerstörbar sind sie wie die andern Wesen
und müssen doch (sie wären nicht erlesen!)
Gewaltigstem zugleich gewachsen sein.
Und wo die andern wirr und wimmernd klagen,

da müssen sie der Schläge Rhythmen sagen,
und in sich selbst erfahren sie den Stein.

Sie müssen dastehn wie der Hirt, der dauert;
von ferne kann es scheinen, daß er trauert,
im Näherkommen fühlt man wie er wacht.
Und wie für ihn der Gang der Sterne laut ist,
muß ihnen nah sein, wie es ihm vertraut ist,
was schweigend steigt und wandelt in der Nacht.

Im Schlafe selbst noch bleiben sie die Wächter:
aus Traum und Sein, aus Schluchzen und Gelächter
fügt sich ein Sinn . . . . Und überwältigt sie's,
und stürzen sie ins Knien vor Tod und Leben,
so ist der Welt ein neues Maß gegeben
mit diesem rechten Winkel ihres Knie's!

Ragaz, 10. August 1926

Wenn Lesen sich auch da als nicht bequem erweist,
sei's ein Begegnen doch mit dieses Geistes Geist.
Aus dem verschlossnen Buch mag soviel übergehn
als wir uns Gegenwart von ferne zugestehn.
Ich sage Gegenwart und meine Gegenwert.
Das Unaussprechliche, das uns von fern vermehrt,
von fern vermindert auch, und fast von ferne bricht:
unwirklicher Besitz und wirklicher Verzicht.

Ragaz, 25. August 1926

FÜR FRÄULEIN ALICE BÜRER

Wie waren Sie im Recht, dem Wunsche nachzugeben,
von meiner eignen Hand beschenkt zu sein!
Vielzuviel Zögern unterbricht das Leben:
singt einer auf, so stimmt der Andre ein.

Was wir versäumen, das bleibt an uns hangen;
die Zeit wird schwer von dem, was man verschweigt.
Vielleicht, bevor Sie wünschten, zu empfangen,
war ich zum Geben schon geneigt.

Ragaz, 27. August 1926

ZU DIESER AUSGABE

In seinem Nachwort zum zweiten Band der Ausgabe »Sämtliche Werke« von Rainer Maria Rilke legt Ernst Zinn dar, wie schwer der gesamte Bestand von Rilkes lyrischem Nachlaß zu ordnen ist. Der Band, der verstreute und nachgelassene Gedichte aus den Jahren 1906 bis 1926 vereint (in der Zweiten Abteilung zudem Gedichte in französischer Sprache), ist deshalb in jeweils drei chronologisch gegliederte Teile geordnet: Der erste Teil enthält alle Gedichte, die von Rilke selbst veröffentlicht wurden bzw. die er für eine spätere Veröffentlichung vorbereitet hatte; im zweiten Teil finden sich alle Gedichte, die Freunden aus mehr oder weniger persönlichem Anlaß als *Widmungen* zugedacht waren; im dritten Teil sind die *Entwürfe* versammelt. Diese Gruppierung des dichterischen Nachlasses will dem künstlerischen Anspruch des Dichters gerecht werden. »Was ich zurückbehalten habe«, so betont Rilke 1908 in einem Brief an Anton Kippenberg, »war mir nicht vollendet genug und kommt für keinerlei Publikation ... in Betracht.«

In die vorliegende Ausgabe der »Gedichte aus den späten Jahren«, die als biographische Schnittlinie den Beginn der Jahre in der Schweiz ab 1919 zieht, sind daher die in den Gesammelten Werken enthaltenen Abteilungen *Vollendetes* und *Widmungen* aufgenommen worden, nicht getrennt, sondern in chronologischer Folge zusammengefügt. Nur ein einziges Mal, und zwar gleich zu Beginn der Sammlung, wird die Chronologie durchbrochen: Eigentlich wäre als erstes Gedicht der Schweizer Jahre die am 6. Juni 1919 in Bern geschriebene Widmung an Fräulein Elisabeth von Gonzenbach zu nennen gewesen, statt dessen aber soll dem Leser mit dem vorangestellten Gedichtkreis »Aus dem Nachlaß des Grafen C. W.« ein Auftakt dargeboten werden, ein erster bedeutender Beleg für die von Rilke langersehnte dichterische Produktivität jener späten Jahre. Die Gedichtfolge entstand im November 1920 und im Frühling des darauffolgenden Jahres. Rilke empfand sie als das »Diktat« eines imaginären »Vorwohners« seiner winterlichen Schweizer Zuflucht im Schloß Berg am Irchel.

Die Ausgabe der »Gedichte aus den späten Jahren« berücksichtigt *nicht* den »Briefwechsel mit Erika Mitterer« und die von Rilke als eigenständige Werke entstandenen Sammlungen »Duineser Elegien«, die 1912 begonnen und 1922 vollendet wurden, auch nicht die Sammlung »Die Sonette an Orpheus«, geschrieben zwischen dem 2. und 23. Februar 1922, im Jahr darauf veröffentlicht; ebensowenig die Gedichte in französischer Sprache, von denen Rilke in seinem letzten Lebensjahr die »Vergers« noch selbst veröffentlicht und die Gedichtkreise »Les Roses« und »Les Fenêtres« zum Druck vorbereitet hatte. Mit dem Ausschnitt aus dem Spätwerk wird dem Leser ein eindrucksvoller Einblick in die letzten sieben Jahre der dichterischen Entwicklung von Rainer Maria Rilke gegeben. Die Entstehungsdaten, die am Ende eines jeden Gedichts vermerkt sind, und die Zeittafel dienen in diesem Sinne als Orientierungshilfe.

ZEITTAFEL

1875 Am 4. Dezember in Prag geboren. Eltern: Josef Rilke und Sophie (Phia), geb. Entz.

1882 Eintritt in die von Piaristen geleitete Deutsche Volksschule.

1886 Als ›Landesstipendiat‹ in die Militärunterrealschule von St. Pölten. Die Eltern trennen sich.

1890 Militäroberrealschule Mährisch-Weißkirchen.

1891 Ende der Militärschulzeit, Besuch der Handelsakademie in Linz.

1892 Private Vorbereitung zum Abitur in Prag.

1894 »Leben und Lieder«.

1895 Abitur. Beginn des Studiums in Prag. Mitarbeiter an vielen Zeitschriften; »Wegwarten«, »Larenopfer«.

1896 Studium in München. Wilhelm v. Scholz, Wassermann. »Traumgekrönt«.

1897 Begegnung mit Lou Andreas-Salomé, im Herbst Fortsetzung des Studiums in Berlin: George und die Brüder Carl und Gerhart Hauptmann. »Advent«, das Drama »Im Frühfrost« wird in Prag aufgeführt.

1898 Berlin, Florenz, Zoppot, Berlin. »Am Leben hin«.

1899 Berlin. Wien: Schnitzler, Hofmannsthal. Um Ostern erste russische Reise mit dem Ehepaar Andreas. Besuche bei Leonid Pasternak und Tolstoi in Moskau. »Mir zur Feier«.

1900 Zweite Reise nach Rußland mit Lou Andreas-Salomé. Besuch bei Tolstoi in Jasnaja Poljana, Moskau, Kiew, Wolgafahrt, Petersburg. Nach der Rückkehr Einladung Heinrich Vogelers nach Worpswede, Begegnung mit Paula Becker und Clara Westhoff. »Vom lieben Gott und Anderes« (Novellen).

1901 Heirat mit der Bildhauerin Clara Westhoff, Wohnsitz Westerwede. Geburt der Tochter Ruth. »Das tägliche Leben« wird in Berlin aufgeführt.

1902 Westerwede, Haseldorf, Paris. »Worpswede« (Monographie), »Das Buch der Bilder«, »Die Letzten« (Erzählungen).

1903 Paris: bei Rodin, Arbeit an der Monographie »Auguste Rodin«. Viareggio, Worpswede, Rom.

1904 Rom. Kopenhagen, Süd-Schweden; Oberneuland bei Bremen. »Geschichten vom lieben Gott«, Neuausgabe der Erzählungen von 1900.

1905 Oberneuland, Dresden, Göttingen, Berlin: S. Fischer, Friedelhausen (Hessen). Zu Rodin nach Meudon bei Paris. Erste Vortragsreise. »Das Stunden-Buch«.

1906 Paris. Zweite Vortragsreise, Tod des Vaters in Prag. Trennung von Rodin. Reisen nach Flandern und in Deutschland. Berlin, Capri. »Das Buch der Bilder«, erweiterte Neuausgabe, »Die Weise von Liebe und Tod des Cornets Christoph Rilke«.

1907 Capri. Paris, dritte Vortragsreise, Wien: Rudolf Kassner. Venedig. Oberneuland. »Neue Gedichte«, »Auguste Rodin«, erweiterte Neuausgabe.

1908 Oberneuland. Capri. Paris: Verhaeren, Gide. »Der Neuen Gedichte anderer Teil«, »Elizabeth Barrett-Brownings Sonette nach dem Portugiesischen«, Übertragung.

1909 Paris. Reisen in die Provence. Bad Rippoldsau. Paris: Begegnung mit der Fürstin Marie von Thurn und Taxis. »Requiem«, »Die frühen Gedichte«.

1910 Paris. Vortrag in Elberfeld, Besuch bei Kippenberg; Jena, Weimar, Berlin. Rom. Schloß Duino bei Triest. Oberneuland. Besuch der Fürstin Taxis in Lautschin und S. v. Nádhernýs in Janovič in Böhmen. Paris, Reise nach Nordafrika: Algier, Tunis. »Die Aufzeichnungen des Malte Laurids Brigge«.

1911 Neapel. Ägypten, Nilfahrt bei Assuan. Venedig, Paris. Besuch in Deutschland. Paris. Winter 1911/12: auf Schloß Duino. »Maurice de Guérin: Der Kentauer«, Übertragung.

1912 Erste Elegien in Duino. Venedig: Eleonora Duse. München, Paris, Reise nach Spanien: Winter 1912/13 in Toledo und Ronda. »Die Liebe der Magdalena«, Übertragung.

1913 Ronda, Madrid, Paris. Reisen in Deutschland: Werfel. Paris. »Das Marien-Leben«, »Erste Gedichte«, »Portugiesische Briefe«, Übertragung.

1914 Paris. Berlin, Paris, Duino, Paris. Bei Kriegsausbruch in Deutschland, verliert R. 1915 seine Habe in Paris. Leipzig, München, Berlin. »André Gide: Die Rückkehr des verlorenen Sohnes«, Übertragung.

1915 München, wo auch Clara und Ruth R. leben, wird R.s Wohnsitz. Zum Freundeskreis gehören Loulou Albert-Lasard, Regina Ullmann, Annette Kolb, Hellingrath, Hausenstein, Carossa. Begegnung mit Walther Rathenau. November: Musterung und Einberufung. Berlin, Wien. Fürstenpaar Taxis.

1916 Wien. Januar bis Juni Militärdienst, seit Februar im Kriegsarchiv. Rodaun: Umgang mit Hofmannsthal, Zweig, Kassner, Kokoschka. München.

1917 München. Berlin: Graf Kessler, Richard von Kühlmann. München: Hofmannsthal.

1918 München: Wiedersehen mit Kippenberg, Beziehungen zu Eisner und Toller. »Die vierundzwanzig Sonette der Louïze Labé«, Übertragung.

1919 München: Besuch Lou Andreas-Salomés. Juni: Vortragsreise in die Schweiz. Zürich, Winterthur: die Brüder Reinhart, Begegnung mit Nanny Wunderly-Volkart. Genf, Soglio. Locarno. »Ur-Geräusche«.

1920 Locarno. Basel und Schönenberg bei Basel: Familien Burckhardt und von der Mühll. Wiedersehen mit der Fürstin Taxis in Venedig. Genf: Baladine Klossowska. Paris. Berg am Irchel.

1921 Berg: Lese-Begegnung mit Paul Valéry. Von Sierre aus Entdeckung des Château de Muzot.

1922 Château de Muzot: im Februar Vollendung der »Duineser Elegien«, Niederschrift der »Sonette an Orpheus«. Besucher: Fürstin Taxis, Kippenbergs. In Deutschland Heirat Ruth Rilkes.

1923 Muzot. Reisen in der Schweiz, Arbeit an den Valéry-Übertragungen. »Duineser Elegien«, »Die Sonette an Orpheus«.

1924 Valmont sur Territet: erster Klinik-Aufenthalt. Gedichte in französischer Sprache. Muzot: Besucher: Paul Valéry, Clara R.-Westhoff. Mit der Fürstin in Bad Ragaz. Lausanne, Muzot, Valmont.

1925 Valmont. Von Januar bis August: Paris. Ragaz, Bern, Muzot: R. schreibt sein Testament und verbringt seinen 50. Geburtstag allein in Muzot. Valmont. »Paul Valéry: Gedichte«, Übertragung.

1926 Valmont bis Anfang Juni. Muzot, Ragaz, Lausanne, Anthy: Treffen mit Valéry. Muzot. »Vergers«, ein französischer Gedichtband, erscheint. 30. November: Valmont. 29. Dezember: R. stirbt an Leukämie.

1927 Am 2. Januar Beisetzung in Raron. »Les Roses«, »Les Fenêtres«, »Paul Valéry: Eupalinos oder Über die Architektur . . .«, Übertragung. »Gesammelte Werke«, Bd. 1-6.

ALPHABETISCHES VERZEICHNIS DER GEDICHTANFÄNGE UND ÜBERSCHRIFTEN

INHALT

*

Rainer Maria Rilke im Insel Verlag und im Suhrkamp Verlag

Sämtliche Werke. 6 Bände. Herausgegeben vom Rilke- Archiv. In Verbindung mit Ruth Sieber-Rilke besorgt durch Ernst Zinn. Leinen, Leder und insel taschenbücher 1101-1106

Band I: Erste Gedichte. Die frühen Gedichte. Die weiße Fürstin. Die Weise von Liebe und Tod des Cornets Christoph Rilke. Das Stundenbuch. Das Buch der Bilder. Neue Gedichte. Der Neuen Gedichte anderer Teil. Requiem. Das Marien-Leben. Duineser Elegien. Die Sonette an Orpheus (it 1101)

Band II: Verstreute und nachgelassene Gedichte aus den Jahren 1906-1926. Gedichte in französischer Sprache (it 1102)

Band III: Leben und Lieder (1894). Christus-Visionen (1896). Dir zur Feier (1898). Frühwerke in ursprünglicher Gestalt. Jugendgedichte aus dem Nachlaß (bis 1905) (it 1103)

Band IV: Frühe Erzählungen und Dramen (1893- 1902) (it 1104)

Band V: Worpswede. Rodin. Besprechungen, Aufsätze und Betrachtungen (1893-1905) (it 1105)

Band VI: Malte Laurids Brigge. Kleine Schriften (1906-1926). ›Gedichte in Prosa‹ und Verwandtes (it 1106)

Werke. Geschenkausgabe mit farbigem Dekorüberzug in Schmuckkassette. Einleitung Beda Allemann. Sechs Bände.

Einzelausgaben

Am Leben hin. Novellen und Skizzen 1898. Mit Anmerkungen und einer Zeittafel. it 863

Die Aufzeichnungen des Malte Laurids Brigge. Leinen, BS 343 und it 630

Auguste Rodin. Mit 96 Abbildungen. it 766

Aus dem Nachlaß des Grafen C. W. Ein Gedichtkreis. Gebunden

Ausgesetzt auf den Bergen des Herzens. Gedichte aus den Jahren 1906 bis 1926. it 98

Ausgewählte Gedichte. Einschließlich der ›Duineser Elegien‹ und der ›Sonette an Orpheus‹. Auswahl und Nachwort von Erich Heller. BS 184

Der ausgewählten Gedichte erster Teil. Ausgewählt von Katharina Kippenberg. IB 400

Der ausgewählten Gedichte anderer Teil. Ausgewählt von Katharina Kippenberg. IB 480

Der Brief des jungen Arbeiters. Aus den kleinen Schriften 1906-1926. BS 372

56/1/9.89

Rainer Maria Rilke
im Insel Verlag und im
Suhrkamp Verlag

Das Buch der Bilder. Des ersten Buches erster Teil. Des ersten Buches zweiter Teil. Des zweiten Buches erster Teil. Des zweiten Buches zweiter Teil. it 26

Die Dame mit dem Einhorn. Herausgegeben und mit einem Nachwort von Egon Olessak. Mit zwölf farbigen Abbildungen. IB 1001

Die drei Liebenden. Die Liebe der Magdalena. Portugiesische Briefe. Die Briefe der Marianna Alcoforado. Die vierundzwanzig Sonette der Louïze Labé. it 355

Duineser Elegien. Gebunden

Duineser Elegien. Mit einem Essay von Peter Szondi. BS 468

Duineser Elegien. Die Sonette an Orpheus. it 80

Erste Gedichte. Larenopfer. Traumgekrönt. Advent. it 1090

Ewald Tragy. BS 537 und it 1142

Das Florenzer Tagebuch. Herausgegeben von Ruth Sieber-Rilke und Carl Sieber. BS 791

Frühe Gedichte. it 878

Gedichte. Aus den Jahren 1902 bis 1917. Taschenbuchausgabe der 1931 als Privatdruck erschienenen Edition der Handschrift Rainer Maria Rilkes. Illustriert von Max Slevogt. it 701

Gedichte an die Nacht. Auswahl und Nachwort von Anthony Stephens. BS 519

Die Gedichte in einem Band. Leinen

Geschichten vom lieben Gott. Gebunden

Geschichten vom lieben Gott. Illustrationen von E. R. Weiß. it 43

Lektüre für Minuten. Gedanken aus seinen Büchern und Briefen. Herausgegeben von Ursula und Volker Michels. Pappband

Die Letzten. Im Gespräch. Der Liebende. it 935

Das Marien-Leben. IB 43

Neue Gedichte. Der Neuen Gedichte anderer Teil. it 49

Poèmes français. Mit einem Nachwort von Karl Krolow. Leinen

Rilke und Rußland. Briefe, Erinnerungen, Gedichte. Herausgegeben von Konstantin Asadowski. Aus dem Russischen von Ulrike Hirschberg. Leinen

Rilkes Landschaft. In Bildern von Regina Richter, zu Gedichten von Rainer Maria Rilke. Mit einem Nachwort von Siegfried Unseld. it 588

Schweizer Vortragsreise 1919. Herausgegeben von Rätus Luck. Leinen

Die Sonette an Orpheus. Mit einem Nachwort von Ulrich Fülleborn. BS 634

Späte Gedichte. it 1178

56/2/9.89

Rainer Maria Rilke
im Insel Verlag und im
Suhrkamp Verlag

Das Stunden-Buch, enthaltend die drei Bücher: Vom mönchischen Leben. Von der Pilgerschaft. Von der Armut und vom Tode. Halbleinen und it 2

›Das Tagebuch‹ Goethes und Rilkes ›Sieben Gedichte‹. Erläutert von Siegfried Unseld. IB 1000

Tagebücher aus der Frühzeit. Herausgegeben von Ruth Sieber-Rilke und Carl Sieber (1942). Leinen

Das Testament. Faksimile der Handschrift aus dem Nachlaß. Im Anhang Transkription der Handschrift. Erläuterungen und Nachwort von Ernst Zinn. Leinen

Das Testament. Edition und Nachwort von Ernst Zinn. BS 414

Über den jungen Dichter und andere kleine Schriften aus den Jahren 1906 bis 1926 in zeitlicher Folge. it 340

Übertragungen. Herausgegeben von Ernst Zinn und Karin Wais. Leinen

Die Weise von Liebe und Tod des Cornets Christoph Rilke. Reprint des ersten Insel-Bücherei-Bandes von 1912. IB 1

Die Weise von Liebe und Tod. Texte und Dokumente. Bearbeitet und herausgegeben von Walter Simon. st 190

Wladimir, der Wolkenmaler und andere Erzählungen, Skizzen und Betrachtungen aus den Jahren 1893-1904. Ausgewählt und zusammengestellt von Volker Michels. it 68

Worpswede. Fritz Mackensen. Otto Modersohn. Fritz Overbeck. Hans am Ende. Heinrich Vogeler. Mit zahlreichen Abbildungen und Farbtafeln im Text. it 1011

Zwei Prager Geschichten und ›Ein Prager Künstler‹. Mit Illustrationen von Emil Orlik. Herausgegeben von Josef Mühlberger. it 235

Briefe

Briefe in einem Band. Herausgegeben vom Rilke-Archiv in Weimar. In Verbindung mit Ruth Sieber-Rilke besorgt durch Karl Altheim. 2. Auflage mit revidiertem Register. Vollständige Neuausgabe der früher zweibändigen Ausgabe. Leinen

Briefe. 3 Bde. in Kassette. Herausgegeben vom Rilke-Archiv in Weimar in Verbindung mit Ruth Sieber-Wilke. Besorgt durch Karl Altheim. it 867

Briefe an Axel Juncker. Herausgegeben von Renate Scharffenberg. Leinen

Briefe an die Mutter. Herausgegeben von Hella Sieber-Rilke. BS 897

Briefe an eine junge Frau. Mit einem Nachwort von Carl Sieber. IB 409

Briefe an einen jungen Dichter. Mit einer Einleitung von Franz Xaver Kappus. IB 406 und BS 1022

56/3/9.89

Rainer Maria Rilke
im Insel Verlag und im
Suhrkamp Verlag

Die Briefe an Gräfin Sizzo. 1921-1926. Herausgegeben von Ingeborg Schnack. Leinen und it 868

Briefe an Karl und Elisabeth von der Heydt 1905-1922. Herausgegeben von Ingeborg Schnack und Renate Scharffenberg. Leinen

Briefe an Nanny Wunderly- Volkart. Im Auftrag der Schweizerischen Landesbibliothek und unter Mitarbeit von Niklaus Bigler, besorgt durch Rätus Luck. 2 Bde. Leinen

Briefe an Sidonie Nádherný von Borutin. Herausgegeben von Bernhard Blume. Leinen

Briefe über Cézanne. Herausgegeben von Clara Rilke und mit einem Nachwort versehen von Heinrich Wiegand Petzet. Mit siebzehn farbigen Abbildungen. Leinen und it 672

Briefwechsel mit den Brüdern Reinhart. Herausgegeben und mit einer Einleitung versehen von Rätus Luck, unter Mitarbeit von Hugo Sarbach. Leinen

Briefwechsel mit Anita Forrer 1920-1926. Herausgegeben von Magda Kerényi. Leinen

Briefwechsel mit Helene von Nostitz. Herausgegeben von Oswalt von Nostitz. Leinen

Briefwechsel mit Hugo von Hofmannsthal 1899- 1925. Herausgegeben von Rudolf Hirsch und Ingeborg Schnack. Leinen

Hugo von Hofmannsthal/Rainer Maria Rilke: Briefwechsel 1899-1925. Herausgegeben von Rudolf Hirsch und Ingeborg Schnack. BS 469

Briefwechsel mit Inga Junghanns. Herausgegeben von Wolfgang Herwig. Leinen

Briefwechsel mit Katharina Kippenberg. Mit acht Abbildungen und zwei Faksimiles. Leinen

Briefwechsel mit Lou Andreas-Salomé. Herausgegeben von Ernst Pfeiffer. Leinen und it 1217

Briefwechsel mit Marie von Thurn und Taxis. 2 Bde. Besorgt durch Ernst Zinn. Mit einem Geleitwort von Rudolf Kassner. Leinen

Briefwechsel mit Marina Zwetjewa und Boris Pasternak. Herausgegeben von Jewgenij Pasternak, Jelena Pasternak und Konstantin M. Asadowskij. Aus dem Russischen übertragen von Heddy Pross-Weerth. Leinen

Briefwechsel mit Regina Ullmann und Ellen Delp. Herausgegeben von Walter Simon. Leinen

Rainer Maria Rilke und Stefan Zweig in Briefen und Dokumenten. Herausgegeben von Donald A. Prater. Leinen

56/4/9.89

Rainer Maria Rilke
im Insel Verlag und im
Suhrkamp Verlag

Zu Rainer Maria Rilke

Rilkes Leben und Werk im Bild. Bearbeitet von Ingeborg Schnack. Mit einem biographischen Essay von J. R. von Salis. Leinen und it 35

Chronik von Rilkes Leben und Werk. 2 Bde. Von Ingeborg Schnack. Leinen

Rilkes ›Duineser Elegien‹. Drei Bände in Kassette. Herausgegeben von Ulrich Fülleborn und Manfred Engel. stm. st 2009-2011

Lou Andreas-Salomé: Rainer Maria Rilke. Mit acht Bildtafeln im Text. Herausgegeben von Ernst Pfeiffer. it 1044

Norbert Fuerst: Rilke in seiner Zeit. Kartoniert

Jean Gebser: Rilke und Spanien. BS 560

André Gide: Die Rückkehr des verlorenen Sohnes. Übertragen aus dem Französischen von Rainer Maria Rilke. BS 591

Insel-Almanach auf das Jahr 1986. Rilke und die bildende Kunst. Herausgegeben von Gottfried Boehm. Kartoniert

Anthony Stephens: Nacht, Mensch und Engel. Rainer Maria Rilkes Gedichte an die Nacht. Leinen

Fürstin Marie von Thurn und Taxis-Hohenlohe: Erinnerungen an Rainer Maria Rilke. Deutsche Ausgabe besorgt von Georg H. Blockesch. IB 888

56/5/9.89

Literatur der Moderne
im insel taschenbuch

Hans Christian Andersen: Spaziergang in der Sylvesternacht. it 1130
Lou Andreas-Salomé: Lebensrückblick. Grundriß einiger Lebenserinnerungen. it 54
– Rainer Maria Rilke. Mit acht Bildtafeln im Text. it 1044
Emmy Ball-Hennings: Märchen am Kamin. it 945
Bertolt Brecht: Hauspostille. it 617
Hans Carossa: Erinnerungen an Padua und Ravenna. Zwei Kapitel aus ›Italienische Aufzeichnungen‹ von 1947. it 581
– Das Jahr der schönen Täuschungen. it 1091
– Eine Kindheit. it 295
– Die Schicksale Doktor Bürgers. it 830
– Der Tag des jungen Arztes. it 1137
– Verwandlungen einer Jugend. it 296
Tankred Dorst: Grindkopf. Libretto für Schauspieler. Mitarbeit Ursula Ehler. it 929
– Korbes. Ein Drama. it 1114
– Der nackte Mann. it 857
Federico García Lorca: Die dramatischen Dichtungen. it 3
Manfred Hausmann: Der Hüttenfuchs. Erzählung. it 730
Hermann Hesse: Bäume. Betrachtungen und Gedichte. Mit Fotografien von Imme Techentin. it 455
– Dank an Goethe. Betrachtungen, Rezensionen, Briefe. it 129
– Franz von Assisi. it 1069
– Gedichte des Malers. Zehn Gedichte mit farbigen Zeichnungen. it 893
– Hermann Lauscher. it 206
– Kindheit des Zauberers. Ein autobiographisches Märchen. it 67
– Knulp. Drei Geschichten aus dem Leben Knulps. Mit dem Fragment ›Knulps Ende‹. it 394
– Magie der Farben. Aquarelle aus dem Tessin. it 482
– Mit Hermann Hesse durch Italien. Ein Reisebegleiter durch Oberitalien. it 1120
– Piktors Verwandlungen. Ein Liebesmärchen, vom Autor handgeschrieben und illustriert, mit ausgewählten Gedichten und einem Nachwort versehen von Volker Michels. it 122
– Schmetterlinge. Betrachtungen, Erzählungen, Gedichte. it 385
– Die Stadt. Ein Märchen, ins Bild gebracht von Walter Schmögner. it 236
– Der verbannte Ehemann oder Anton Schievelbeyn's ohnfreywillige Reisse nacher Ost-Indien. Handgeschrieben und illustriert von Peter Weiss. Mit einem erstmals veröffentlichten Opernlibretto von Hermann Hesse. it 260
– Der Zwerg. Ein Märchen. it 636

155/1/6.89

Literatur der Moderne
im insel taschenbuch

Marie Hesse: Ein Lebensbild in Briefen und Tagebüchern. it 261
Monica Huchel: Fürst Myschkin und die anderen. Ein Katzen-Brevier. it 808
Henrik Ibsen: Ein Puppenheim. it 323
Jens Peter Jacobsen: Frau Marie Grubbe. Interieurs aus dem 17. Jahrhundert. it 841
– Niels Lyhne. it 44
– Die Pest in Bergamo und andere Novellen. it 265
Marie Luise Kaschnitz: Beschreibung eines Dorfes. Fotografien von Michael Grünwald. it 665
– Eisbären. Ausgewählte Erzählungen. it 4
Harry Graf Kessler: Tagebücher 1918-1937. it 659
Dieter Kühn: Bettinas letzte Liebschaften. it 894
– Flaschenpost für Goethe. it 854
Ferdinand Kürnberger: Der Amerikamüde. Amerikanisches Kulturbild. it 942
Lesebuch der Jahrhundertwende. Prosa aus den Jahren 1889 bis 1908. it 997
Malwida von Meysenbug: Memoiren einer Idealistin. it 824
Christian Morgenstern: Alle Galgenlieder. it 6
– Palmström. it 314
Marcel Proust / Eugène Atget: Ein Bild von Paris. Texte und Photographien. it 669
Rainer Maria Rilke: Sämtliche Werke. 6 Bände in Kassette. it 1101-1106
– Band I: Gedichte. Erster Teil. it 1101
– Band II: Gedichte. Zweiter Teil. it 1102
– Band III: Jugendgedichte. it 1103
– Band IV: Frühe Erzählungen und Dramen. it 1104
– Band V: Kritische Schriften. Worpswede. Auguste Rodin. it 1105
– Band VI: Malte Laurids Brigge. Kleine Schriften. it 1106
– Am Leben hin. Novellen und Skizzen 1898. Mit Anmerkungen und einer Zeittafel. it 863
– Die Aufzeichnungen des Malte Laurids Brigge. it 630
– Auguste Rodin. it 766
– Ausgesetzt auf den Bergen des Herzens. Gedichte aus den Jahren 1906 bis 1926. it 98
– Briefe. 3 Bde. in Kassette. it 867
– Die Briefe an Gräfin Sizzo. 1921-1926. it 868
– Das Buch der Bilder. Des ersten Buches erster Teil. Des ersten Buches zweiter Teil. Des zweiten Buches erster Teil. Des zweiten Buches zweiter Teil. it 26

155/2/6.89